孔子学院武术师资培训理论教程

汉语国际武术师资培训基地 组编
洪浩 主编

北京体育大学出版社

策划编辑：吴　珂
责任编辑：吴　珂　田　露
责任校对：姜艳艳
版式设计：谭德毅

图书在版编目（CIP）数据

孔子学院武术师资培训理论教程 / 洪浩主编. -- 北京 : 北京体育大学出版社, 2021.3
ISBN 978-7-5644-3267-6

Ⅰ. ①孔… Ⅱ. ①洪… Ⅲ. ①武术—中国—师资培训—教材 Ⅳ. ①G852

中国版本图书馆CIP数据核字（2019）第260708号

孔子学院武术师资培训理论教程

KONGZI XUEYUAN WUSHU SHIZI PEIXUN LILUN JIAOCHENG

汉语国际武术师资培训基地　组编　洪浩　主编

出版发行：北京体育大学出版社
地　　址：北京市海淀区农大南路1号院2号楼2层办公B-212
邮　　编：100084
网　　址：http://cbs.bsu.edu.cn
发 行 部：010-62989320
邮 购 部：北京体育大学出版社读者服务部 010-62989432
印　　刷：北京虎彩文化传播有限公司
开　　本：787mm × 1092mm　1/16
成品尺寸：170mm × 240mm
印　　张：10.5
字　　数：182千字
版　　次：2021年3月第1版第1次印刷
印　　次：2021年3月第1次印刷
定　　价：65.00元

《孔子学院武术师资培训理论教程》
组织机构人员名单

教材领导小组

组　长：夏伦好
副组长：郭　涛　董英双　郭晓勇
组　员：刘　美　徐炜红　吴　珂

编写工作小组

组　长：郭　涛
副组长：董英双　李士英　李　晨　佟　晖

审定委员会

王建华　冯宏鹏　张路平

编写委员会

主　编：洪　浩
副主编：田文波　李梦桐　李巧玲
编　委：(按姓氏笔画排序)
马　剑　吕旭涛　朱　东　李印东
张成明　陈振勇　陈　超　周小青
郑焜乾　赵　岷　胡平清　程大力
魏志刚

前 言

随着中国经济的发展和国际交往的日益广泛，世界各国对中华文化的学习需求急剧增长。为进一步推广中华文化，促进中外文化交流，从2004年开始，中国国家汉语国际推广领导小组办公室在世界各地设立了推广汉语和传播中国文化的机构——孔子学院。

2013年开始，习近平总书记在多个场合论述了中华文化的重要性，并指出：讲清楚中华优秀传统文化是中华民族的突出优势，是我们最深厚的文化软实力。武术是中国独具特色的身体文化现象，融入了中国人对自然万物、人生哲理以及人体运动的独特理解，是中华文化的典型性表现与集大成式的展示。中华武术的国际推广是中华文化“走出去”的重要环节，也是提升中国国际影响力的重要环节。

根据孔子学院总部/国家汉办的工作规划，2013年11月，北京体育大学成立了汉语国际推广武术师资培训基地（以下简称基地）。在孔子学院总部/国家汉办和国家体育总局的共同领导下，基地致力于普及推广中华武术，其基本任务是为孔子学院派出武术教师提供教学和跨文化交流技能培训，培训各国孔子学院本土武术师资，根据各国需求研究制定普及版中华武术教学标准，开发中外文对照的武术教材等。

根据国家关于中华武术国际推广工作的实际需求，基地编制了《孔子学院武术教学段位制实施与推广方案》《孔子学院武术师资培训教学大纲》《孔子学院武术师资培训理论教程》等教学文件。其中，《孔子学院武术师资培训理论教程》在结合孔子学院实际教学情况的基础上，对武术进行系统而简明的阐释，为孔子学院武术教师更加准确地掌握武术理论知识、全面传播武术文化提供了参考。

本教程具有以下三个特点：

一是突出文化性。教程呈现的内容不仅限于武术本身，更是对中国文化的立体呈现。本教程重视突出武术的文化性，阐述武术历史、武术文化、武术功能、武术拳种等问题。

二是体现实用性。作为孔子学院武术师资培训的理论教材，本教程在介绍诸如武术的概念、功能、历史、文化等基础理论知识的同时，注意将复杂问题简单化，注重结合孔子学院武术教学实际，突出实用性。

三是注重可读性。本教程的撰写没有采用常规的章节编写体例，而是分讲编写，目的是贴近读者。

本教程以河南大学武术学院与北京体育大学中国武术学院的教师为编写班底，并邀请了武术学术界的一些专家学者参加编写工作。全书由河南大学武术学院院长洪浩总体设计，第一讲由洪浩编写，第二讲由洪浩、吕旭涛编写，第三讲由田文波、陈振勇编写，第四讲由田文波、程大力编写，第五讲由田文波、马剑编写，第六讲由赵岷编写，第七讲由李巧玲编写，第八讲由周小青、胡平清编写，第九讲由李印东、陈超编写，第十讲由马剑、李梦桐编写，第十一讲由朱东、魏志刚编写，第十二讲由李巧玲、张成明编写，第十三讲由李梦桐编写，最后由洪浩、田文波、李梦桐、郑焜乾统稿。

由于编者能力与编写时间等因素所限，教程难免存有不妥之处，恳请学界同人批评指正。

本书编写组

目　录

导　言

作为中国文化典型代表的武术，以其独特的肢体演绎方式展现着中华民族的思维方式、行为方式及情感方式，是独具特色的中国传统文化典范，被一些学者视为人文版的中国四大发明之一。并且，作为一种以肢体语言表达思想与故事的艺术形式，武术在中外交流中一直发挥着非常重要的非言语传播及沟通作用。导言部分首先介绍孔子学院的基本情况以及孔子学院武术教育的概况；其次对武术文化的国际传播影响与作用进行分析，进而对孔子学院武术教育的意义进行分析。

孔子学院概述

孔子学院（Confucius Institute）是中国国家对外汉语教学领导小组办公室在世界各地设立的推广汉语和传播中国文化的教育和文化交流机构，致力于适应世界各国（地区）人民对汉语学习的需要，增进世界各国（地区）人民对中国语言文化的了解，加强中国与世界各国教育文化交流合作，发展中国与外国的友好关系，促进世界多元文化发展。构建和谐世界是孔子学院的宗旨和发展目标。2004 年 11 月 21 日，全球第一所孔子学院在韩国首尔成立。一直以来，孔子学院受到世界各国的广泛欢迎，成为连接中国人民和其他国家人民的纽带，为促进多元多彩的人类文明交流互鉴发挥了重要作用。据 2018 年 12 月 4 日在成都闭幕的第十三届孔子学院大会统计结果表明，全球已有 154 个国家和地区建立了 548 所孔子学院和 1193 个孔子课堂。累计培养和培训各类学员达 1100 万人，助力 60 多个国家将汉语纳入国民教育体系，带动全球 1 亿多人学习中国文化并使用汉语，举办了 20 多万场丰富多彩的中华文化展示和中外人文交流活动，参与其中的民众达 1 亿人次。

孔子学院武术教育概况

作为中国的国粹之一，武术文化教育一方面可以充分地诠释中国文化，另一方面因其独特的身体文化特征可以作为孔子学院传播中国文化的有效载体。武术作为中国优秀传统文化之一，具有丰富的精神内涵。武术可以不借助口头语言，而将中国传统文化中的精神内涵和独特魅力通过肢体语言、动作形态来展现，这样可以避免牵涉不同意识形态之间的矛盾和冲突。因此，可以说孔子学院武术教育是为满足孔子学院日益增长的对中国传统文化的需求应运而生的。

2016 年，国家体育总局武术运动管理中心印发的《中国武术发展五年规划（2016—2020 年）》提出“武术广泛进入孔子学院、孔子课堂、中国文化中心、驻外使领馆等组织机构，武术成为我国对外体育、文化交流的重要内容，协助国家汉办，力争在全球 50%以上的孔子学院开展武术教学活动”的发展目标。2016 年 12 月 10 日，在第十一届孔子学院大会上，孔子学院总部与国家体育总局签署了关于开展太极和武术对外交流和战略合作备忘录，为进一步促进武术国际推广，双方今后将在海外孔子学院开设太极文化和武术课程，在海外中小学开设的孔子课堂中逐步增加太极文化和武术相关教学内容，并积极推动太极文化和武术类孔子学院的建立。

近年来，武术越来越成为孔子学院重要的教学内容。据统计，美洲开设武术文化课程的孔子学院占到了美洲所有孔子学院的 29.73%，欧洲开设武术文化课程的孔子学院占到了欧洲所有孔子学院的 31.86%，亚洲开设武术文化课程的孔子学院占到了亚洲所有孔子学院的 36.63%，非洲开设武术文化课程的孔子学院占到了非洲所有孔子学院的 47.83%，大洋洲开设武术文化课程的孔子学院占到了大洋洲所有孔子学院的 62.5%。其中，多数孔子学院配备有专职武术教师。武术文化传播形式花样繁多，有专门的武术课、武术文化讲座、武术表演以及武术夏令营等。开设的武术课程内容丰富，包括了太极拳、武术套路、武术散打、健身气功等多项中华武术运动项目。有些孔子学院还将武术作为特色课程，如挪威卑尔根大学孔子学院将武术文化课程作为该学院的特色教学内容，吸引了大批学生及当地民众，为他们了解中国文化提供了多种多样的交流平台。

孔子学院武术教育的意义

作为中国文化典型代表的武术，以其独特的肢体演绎方式展现着中华民族的思维方式、行为方式以及情感方式，是独具特色的中国传统文化典范，被学者视为人文版的中国四大发明之一。中外文化交流需要武术的非言语传播及沟通，其主要意义在于以下三个方面。

一、有利于发挥身体文化传播的优势

在现代语言学的语境中，将语言分为言语语言和非言语语言。“我们所使用的、具有口头形式和笔头形式的语言，称作言语语言。我们所有的人都使用没有言语词汇的语言，即所谓非言语传播及沟通：使用没有词汇的具体行为。”在中外跨文化交流过程中，非言语传播及沟通就更体现了与生俱来的优势。非言语传播及沟通在某种程度上可以有效规避因语言不通和文化差异而引起的言语传播中的一些障碍，甚至可以更为准确地表达传播者的本意，较之言语传播更为可靠。武术作为一种以肢体语言表达思想与故事的形式，在中外交流中起到非常重要的非言语传播及沟通作用。例如，各拳种普遍强调的立身中正、不偏不倚体现了中国人对于“中”的重视；各流派普遍追求的身法和谐、劲力完整揭示了中国人对于“和”的关注；武术技击推崇的点到为止、排斥血腥暴力反映了中国人对于“文明”的崇尚。

二、给世界打开中国文化之窗提供了一把钥匙

武术文化的国际传播为世界了解古老而神秘的中华民族打开了一扇窗。1936 年 8 月，中国武术队随同参加第十一届柏林奥运会的中国体育代表团赴德国进行武术表演，是民国时期影响力最大的一次武术对外交流活动。表演后，柏林市市长连连称赞道：“真是了不起，想不到中国竟有如此奇迹般的民间体育。”《德意志报》《汉堡报》均对此次表演发表了评论，赞誉中华武术的精湛卓越。1936 年 1 月，中央国术馆和国立国术体育专科学校组成“南洋旅行团”，由馆长张之江亲自率团，前往中国香港地区及新加坡、马来西亚和菲律宾等国家进行武术表演，历时 3 个月，于 4 月 10 日回到上海。新加坡的爱国华侨陈嘉庚激动地说：“这是一支传播中国国术的先锋队，它将会把中国国术传遍东南亚各国，乃至全世界。”事实上，在中华民族历经磨难但仍励精图治、重振

民族风尚的不懈努力奋斗之中，作为“国术”——武术的传播与交流，为让世界认识中华民族与中华文化的对外推介做出了巨大的贡献。在当代，孔子学院武术教育作为中国武术文化国际传播的一种重要方式，传承了武术文化国际传播的精神，依旧践行着让世界认识中国、了解中国、打开中国文化之窗的历史使命。

三、促进了世界文化成果的交流共享

孔子学院的武术教育作为武术文化国际传播的一种表现形式，有助于丰富孔子学院的文化交流内容，提升孔子学院的吸引力。一方面，武术文化的国际化发展需要孔子学院的有力推动；另一方面，武术文化教育有助于孔子学院不断丰富内涵，建成传播中国文化的教育体系。武术文化的国际传播是由文化的特性决定的，更是人类优秀文化成果的共享与进步。季羡林先生就曾说过：“文化一旦产生，立即向外扩散，绝不独占山头，世袭珍藏，把自己孤立起来。文化是‘天下为公’的。不管肤色，不择远近，传播扩散。人类到了今天，之所以能随时进步，重要原因之一就是文化交流。”文化间的互动与交流能使不同地域创造的物质、精神成果在短期内为人类所共享，这是加快人类社会前进步伐、推动人类文明进步的重要动力。在中国文化“走出去”的历史进程中，孔子学院堪称中国软实力的亮丽品牌，在这一过程中，孔子学院对中国武术的传播起到了积极的推动作用，并致力于传播中国文化，分享优秀的人类文化成果。孔子学院武术教育推动了中华民族优秀传统文化的对外推介，促成了人类优秀文化的交流和共享。

思考题：

1. 简要介绍孔子学院的基本情况。
2. 简述孔子学院武术教育发展的基本情况。
3. 如何理解孔子学院武术教育的意义？

第一讲

武术概念

武术是以中华文化为理论基础，以技击方法为基本内容，以套路、格斗、功法为运动形式的传统体育。

历史上的武术称谓

武术源于古代的狩猎和战争。早期的人类为满足生存和自卫的需要，不断地进行各种斗争，这当中既包括抵御凶禽猛兽侵袭时的被动防卫和狩猎活动中的主动进攻，也包括群体内部因利益不均而产生的各类争斗及不同群体之间因集体利益而发生的各种战争。正是在这种长期的生存斗争中，人类自觉或不自觉地掌握了一些攻防技能，在对这些攻防技能的总结和提炼过程中，逐渐形成了武术的雏形。《兵迹》中说："民物相攫而有武矣。"《礼记》中有"孟冬之月，天子乃命将帅讲武，习射御角力"的记载。当时把射御、角力、手搏、击刺等泛称为"武"。在不同的历史时期，武术所涵盖的内容不同，类似今天武术的内容有角抵、相扑、角力、手搏、击剑、刺枪、打拳、使棒、把式等。

"武术"一词最早见于南朝刘宋颜延年的《皇太子释奠会作》："偃闭武术，阐扬文令。"此处所谓武术，泛指军事武艺，与今天的武术概念所涵盖的内容大相径庭。

"武术"一词作为自卫强身之术的专门用语，在清末民初才开始被广泛采用。当时成立的各类与武术有关的社团，如精武体育会、中华武术会、中华武士会、武术传习所等都使用"武术"这一名词。1914 年，著名教育家徐一冰上书教育部"拟请于学校体操科内兼授中国旧有武术"，也采用了"武术"的称谓。

20 世纪初期，在强调民族精神教育的思想影响下，以武术为基础的尚武思潮高扬，很多人提出将武术改称为“国术”。1927 年，张之江等联名发起成立国术研究馆，1928 年正式易名为中央国术馆，“国术”一词随之被广泛采用。被誉为“国术”的武术，便与“国画”“国乐”“国医”等居于同等地位。

中华人民共和国成立后，“武术”一词又被广泛采用。1952 年成立的体育运动委员会设置了专门机构——民族体育形式研究会，对武术实行领导，这标志着武术被正式列入体育的范畴，成为社会主义体育事业的一部分。至此，“武术”的称谓得到明确，并一直沿用至今。

武术概念的演变

武术萌生于原始人类的生产、社会和宗教活动。在狩猎、战争和祭祀过程中，人们将一些有效的攻防格斗技术进行总结、传授和演练，由本能的自卫活动上升为有意识的技击技术，便形成武术的萌芽。此后，围绕技击这一核心，在传统文化的熏陶之下，逐步形成色彩斑斓的武术技术体系。

在人类文明的发展进程中，各个民族都有强身健体、愉悦身心的体育运动方式。中国古代虽无“体育”一词，却有丰富多彩的体育活动，武术便是中华民族繁衍生息的主要体育活动内容之一。无论是西方还是东方，都有从实战搏杀的技击术演变而来的体育运动项目。武术的体育化进程同样遵循了这一规律，譬如，太极拳早期的发展是以提高实战能力作为生存与发展的前提与核心的，但此后的太极拳家又提出了“详推此意终何在，益寿延年不老春”的健身发展方向，以至今日提起太极拳，人们大多想到它是一种强身健体的手段，很难再与实战格斗联系在一起。

19 世纪中叶以后，伴随着列强的坚船利炮，武术退出了军阵厮杀的舞台；另外，西方体育的输入也冲击了武术在体育领域的发展空间。在“强国强种”“救亡图存”的特殊年代，武术被赋予了浓厚的民族色彩，成为抵抗西方体育的主力军。“土洋体育”的交锋虽然未能改变民族传统体育失落的命运，但客观上却加速了武术的体育化进程。

“武术”一词虽出现较早，但在古代并没有明确的概念界定，对武术概念的探讨是近代以后的事情。纵观近代以来武术的发展，人们在不同时期对武术的概念有不同的表述，这一方面反映了武术随着时间的推移在不停地发展变化，另一方面也反映了人们对武术的认识也在不断深化，同时还反映了武术发展的时代印记。

1932 年出台的《国民体育实施方案》提到：“国术原是我国民族固有之身体活动方法，一方面可以供给自卫技能，一方面可作锻炼体格之工具。”该表述对武术的上位概念既没有界定为体育，也没有界定为实用技术，而是界定为“我国民族固有之身体活动方法”，后面接着又很客观地指出了武术的实用价值和体育价值，这其实正恰如其分地反映了武术的实际状况。当时的武术受到了西方体育的影响，正处于由实用技能向体育转化的过渡期，这种概念表述反映了当时的时代背景。

武术的体育属性，虽在近代已明确，但由于技击武术仍颇具影响，致使中华人民共和国成立初期人们对武术的认识各存己见，并由此引发了有关武术性质问题的理论大讨论。在讨论中坚持武术“技击观”的人士被批评为“唯技击论”，这一批判使武术的性质和地位发生了巨大变化，强化了武术的体育属性，使其在体育的坦途上焕发新的青春。

从当时的情况来看，对“唯技击论”的批判是十分必要的，因为它促使了武术由注重实战格斗的技击术向现代体育运动的转变，然而在“发展体育运动，增强人民体质”的年代，人们过多地强调了武术与其他体育运动项目的同一性——健身，而忽略了武术与其他运动项目的差异性——技击，致使武术“技击”对抗项目长期被排斥于武术概念之外，武术走上“唯套路”的发展之路。

对“唯技击论”的批判，强化了武术的体育属性，从根本上决定了武术的发展走向，但同时也禁锢了人们的观念，使套路成为人们认识武术的基本范式。1961 年出版的体育学院《武术》本科讲义，首次将现代武术界定为：“武术是以拳术、器械套路和有关的锻炼方法所组成的民族形式体育。它具有强健筋骨、增进健康、锻炼意志等作用；也是我国具有悠久历史的一项民族文化遗产。”此界定将武术归属为民族形式体育，仅强调套路的体育价值和功能，淡化了武术的技击属性。在这本教材中，将武术的属性之一表述为“以套路为主要运动形式”，由此可知，在当时看来只有套路才是武术，武术就是套路。直到 1978 年出版的体育系通用教材《武术》中，才对武术的技击属性的认同有所松动。该教材将武术表述为：“武术，是以踢、打、摔、拿、击、刺等攻防实战动作为素材，按照攻守进退、动静疾徐、刚柔虚实等矛盾相互变化的规律编成的徒手和器械的各种套路。它是一种增强体质、培养意志、训练格斗技能的民族形式的体育运动。”尽管这一概念对武术的技击特点进行了肯定，但仍未跳出“唯套路”的局限。

从认识论的角度来看，人类认识事物应遵循由特殊到一般，由一般到特殊，循环往复、不断深化的规律。在人们认识武术的体育属性之后，便随之深入探寻武术不同于其他体育运动项目的本质差异，即技击本质。

改革开放带来的思想解放和观念转变，成为人们深入认识武术技击本质的催化剂，从而引发了武术格斗运动的复兴。在这次变革中，长期遭受禁锢的散打终于冲破传统观念的樊篱，迸发出强劲的发展态势；与此同时，流离于民间的太极推手也受到礼遇。散打和太极推手历经磨砺之后，终于双双携手步入竞技武术的行列。

以散打和太极推手为代表的武术格斗运动的复兴，打破了中华人民共和国成立之后武术“唯套路”的发展格局，深化了人们对武术的认识，带来了武术概念的又一次嬗变。1983 年出版的体育系通用教材《武术》写道：“武术，是以踢、打、摔、拿、击、刺等攻防实战动作为素材，按照攻守进退、动静疾徐、刚柔虚实等矛盾相互变化的规律编成的徒手和器械的各种套路，或在一定条件下遵照一定的规则，两人斗智角力，形成搏斗，以此来增强体质、培养意志、训练格斗技能的体育运动。”这一界定终于使武术概念增加了对抗项目的内容。1988 年举行的全国武术专题论文研讨会，可称为人们认识武术的一个里程碑，经过诸多专家、学者的讨论，将武术的概念界定为：“武术是以技击动作为主要内容，以套路和搏斗为运动形式，注重内外兼修的中国传统体育项目。”这一界定终于使对抗项目在武术概念中赢得了应有的地位，具有一定的科学性与代表性，随后便大量被引用于各类论著中。

关于武术概念的外延，有学者运用二分法，按照动作是否有一定的顺序，将其划分为套路练习和对抗练习两个全异的部分；对于动作既没有一定的顺序，又不具有对抗性的功法内容，视为训练的手段，根据需要归属于套路练习与对抗练习之中。也有学者将武术的外延界定为功法、套路、格斗三种运动形式，但此观点并未得到主流学术界的认同，致使功法运动多年来被游离于武术概念之外。2004 年，首届全国武术功力大赛的举办，使多年来流传于民间的武术功法运动拂去了神秘的色彩，登上了现代体育竞技的大舞台，打破了武术以套路和散打为主的竞赛格局，形成了套路、格斗、功法三足鼎立之势。多年来被游离于武术概念之外的功法运动，期待着加入武术概念的大家庭。

武术与多种文化形态虽有千丝万缕的联系，乃至相互渗透和影响，却没有被同化，显示出它具有的文化延续能力和独特完整的体系。武术之所以被称为武术文化，不仅因为它有着强大的生命力，还在于它拥有广博的内涵。1988 年的武术概念中强调的“内外兼修”是武术十分突出的一个文化特点，但武术丰厚的文化内涵显然并非“内外兼修”所能涵盖的，武术的文化基因源于中华文化。

武术发展实践对武术概念内涵的拓展，以及人们对武术文化认识的不断深化，呼吁人们对武术概念进行新的界定。

武术的内涵

为了适应武术发展的新形势，2009 年 4 月，国家武术研究院组织一批专家学者对武术的定义进行研究，提出了对武术的初步认识。同年 7 月，组织召开武术定义专题研讨会。经研讨，将武术界定为：“武术是以中华文化为理论基础，以技击方法为基本内容，以套路、格斗、功法为运动形式的传统体育。”这一武术定义体现了以下三个方面的内涵。

一、以中华文化为理论基础

武术与西方体育项目的不同，是因为武术的根基是中华文化。中华文化对武术的影响，不仅在于武术受到中华文化的环境影响，还在于武术家自觉地运用中华文化规范拳技，阐述拳理，乃至文武合一，交融一体。通过探寻武术理论我们发现，不论是武术技法原理，还是教学、训练原则，以及具体的拳械技法和教学训练法，都显现出中华文化与武术运动规律的融合。如中华文化强调“天人合一”的宇宙观，并以此处理内与外的关系。武术技法原理强调“内外合一”，武术教学原则强调“内外兼修”，武术训练原则强调“内外互导”；在具体的拳械动作标准中，强调“三尖相照”“内外六合”“五合三催”等，使动作体现出外形和谐、内意充实、形神兼备的特点。由于武术以中华文化为基础，其技术和技法都受到中华文化的严格规范，促成了武术与西方体育既相通又有异的特征。

二、技击是武术的本质属性

纵观武术发展历史我们发现，无论武术的内容多么丰富多彩，也不管武术的价值功能向多元化方向伸展得多么宽泛，都不能脱离武术的本质。站在历史的角度，透过浩如烟海的武术现象把握其本质，我们发现，贯穿古代武术、近代武术和现代武术的生命之线就是武术的“技击”属性。

武术纵然流派众多、各呈异彩，但数量繁多的武术套路都以打、踢、拿、摔、靠、击、刺等攻防实战动作为素材，是技击动作的集合。由此可见，套路是攻防技术的提炼，是武术实战经验的总结。通过套路练习不仅可以提高技能，还可以培养习武者的技击意识。套路虽是技击动作的组合，但也不能做到招招实用。吴殳在《手臂录》中指出，套路在衔接转换处“须有虚势以济之，不可兼贵实用”。套路除了衔接转换的过渡动作之外，还有一定数量的“花法”。“花法”虽可提高武术套路的观赏性，但不可喧宾夺主，使套路华而不实，失掉武术的技击精髓。

功法锻炼是为掌握和提高套路及格斗的技术服务的。柔功锻炼提高了肢体关节活动范围及肌肉舒缩性能，有助于在套路运动中增加动作的幅度，更有效地表现攻防格斗方法；硬功锻炼增强了人体的攻击力度和抗击能力，在格斗中达到“无一处惧打，亦无一处不打人”的境界。《少林七十二艺》中专门记载有锻炼两臂提掖之力、属硬功外壮的“石锁功”。“不怕千招会，就怕一招熟。”武术技术以熟练为要。关于这一点，黄百家在《内家拳法》中引述了王征南的话：“拳不在多，唯在熟，练之纯熟，即六路亦用之不穷。”只有招熟才能在实战中攻防得当，得心应手。因此，许多习武人士在广学千招的基础上，精练数招，乃至一招成“绝活”，在实战中出奇制胜。精练一招或数招，也属于武术功法的练习形式。以格斗招法或套路中的某些动作为武术功法的专练内容，其目的是为了提高武术技能。通过发展体能，提高套路演练或实战格斗的技能，这类功法锻炼的最终目的也是为了提高技击能力。由此可见，无论是通过发展体能间接服务于套路或格斗的功法，还是通过提高技能直接服务于套路或格斗的功法，都是为了表现或运用攻防格斗方法，其根本目的在于提高技击能力。体操中一些压腿、踢腿的练习内容，以及田径中的一些身体素质训练方法，与武术功法中柔功和硬功的一些功法内容十分相似。这表明，东西方体育运动在基础训练中有类似的地方，但不能因此将西方体育中的身体素质练习方法同武术功法混为一谈，因为武术功法练习的根本目的是为了提高武术技击能力，是以武术技击为核心的。

因此，无论是直接运用攻防格斗方法的武术格斗，还是表现攻防格斗方法的武术套路，抑或是为提高技击能力而服务的武术功法，都以技击为核心，它们都体现着武术共同的本质属性。

三、以套路、格斗和功法为运动形式

在 2009 年界定新的武术概念之前，武术功法被排除在武术概念之外，原因在于此前一些人士认为功法作为训练的手段，可根据需要归属于套路练习或对抗练习之中。事实上，武术功法是率先自成体系的武术运动形式。明代天启四年（1624 年），天台紫凝道人所撰的《易筋经》强调内壮与外壮统一，追求通过内外俱练，“使气串于膜间，护其骨、壮其筋”，“以血气之驱，易为金石之体”，达到“并其指可贯牛腹，侧其掌可断牛头”的效能。《易筋经》构建起了武术功法的理论框架，辑录了丰富的武术功法，它的问世标志着武术功法运动已率先在武坛中自成体系。以“外家功夫”见长的少林寺将《易筋经》视为镇寺之宝。这不仅是对少林武术误读的一种校正，也进一步诠释了武术“外练筋骨皮，内练一口气”的价值指向。武术功法的锻炼价值得到一些武学名家的青睐，尤为值得一提的是，王芗斋和李小龙摒弃了套路和固定招式练习，相继开创了以武术功法为主要内容的意拳和截拳道。武术发展实践证明，功法不应依附于套路和格斗之中，它是一种独立的运动形式。

对于博大精深的武术而言，从不同的视角便可看到不同的景象。从纵向来审视，武术分为不同的拳种和流派，不同的拳种和流派都拥有丰富的套路、格斗和功法内容；从横向来审视，武术不同拳种和流派中的技术内容则分别形成了套路、格斗和功法三大技术系列。由此可见，武术套路、格斗、功法都是武术不可或缺的运动形式。

武术的分类

在探讨武术时，经常会使用传统武术、竞技武术、学校武术、社会武术、大众武术、古代武术、现代武术等许多与武术有关的称谓，这些术语都属于武术的下位概念。在一些研究中，经常将传统武术与竞技武术对等起来，有时还将竞技武术、学校武术、社会武术相提并论，事实上根据不同的划分标准有不同的武术分类。

一、文化角度的划分

如今，人们经常将传统武术和竞技武术对等起来，实际上，“传统”和“竞技”本无对等关系，之所以将其相提并论，主要是两者存在着文化方面的差异，确切地说，传统武术应该与现代武术相对应。现代武术是经历了现代化转型的武术。近现代以来，在西方文化及其体育的影响下，武术在传播途径、普及形式、传授方式、技术范式、组织体制等方面都发生了巨大的变化，也可以说与原来土生土长的武术发生了断裂，这类与传统武术发生了断裂的武术即为现代武术。

传统武术是指没有受到西方文化及其体育的本质影响，基本上按中国传统文化所规定的方向发展的武术，其主要分为实用武术和健身武术两部分。当下，传统武术主要在民间以拳种为载体进行流传。进入现代社会以来，受西方体育文化的冲击和影响，传统武术虽然呈衰落的趋势，但是随着中国传统文化的复兴，以及非物质文化遗产保护的加强，传统武术的发展日益受到重视，并呈现出新的发展活力。

二、历史角度的划分

武术的发展与历史分期具有一定的相关性。根据武术发展的实际情况，古代武术、近代武术、现代武术的划分应该以 1840 年第一次鸦片战争和 1949 年中华人民共和国成立为界限。第一次鸦片战争以前，西方文化没有大量传入中国，武术仍然沿着原来的方向发展，没有产生明显的波动，这一漫长历史时期的武术称为古代武术。第一次鸦片战争之后，西方体育文化开始大规模地影响武术，在此催化下，传统武术开始向现代化转型。这一阶段是武术在西方体育文化影响下，发生历史性的演进阶段，其显著特征是武术的社会地位得到了提升，开始从江湖迈入学堂，从庙会走向社团，从拳场走向竞技场，开始了科学化征程，并作为国粹被誉为“国术”。中华人民共和国成立后，武术被定位为民族传统体育，由体育部门进行管理，武术从整体上进入了体育领域，这标志着武术体育化发展的新篇章。我们将进入新的发展时期的武术称为当代武术（为了与经历了现代化发展后的具有特定意义的武术相区分，这里没有采用“现代”一词）。

三、功能角度的划分

经历了现代化发展的武术，从原来较为单一的生存技能逐渐发展成为一个包含多种社会功能的集合体，体育运动的武术按不同价值功能，可分为竞技、健身、教育等类别，非体育的武术主要包括实用武术、艺术武术等。

竞技武术的主要社会功能就是进行体育竞技，争取比赛优胜。这部分武术的技术特征是高、精、尖，只有少数人才能达到如此高的水平，对一般大众而言，则望尘莫及。健身武术的主要社会功能是体育健身，其技术特征是易学易练，便于大规模地推广普及，是大众武术。教育武术的主要社会功能是教化，更侧重于培养人们自强不息的进取精神、厚德载物的高尚品质、强健有力的身体素质，培养的主要对象是广大青少年。实用武术以防身自卫、攻防擒敌格斗为主要功能，如军警中以一招制敌为特征的擒拿格斗技法等。艺术武术主要是与艺术高度结合的武术演练，如舞台上的武术表演、影视武术等，其主要社会功能是通过展现武术的艺术性，使人获得美的享受，愉悦身心。

四、人群角度的划分

竞技武术以少体校、市队、省队、国家队以及高等体育院校校队的武术运动员为主要活动人群，其主要特点是高度专业化，技术性很强，以竞技比赛为主要特征，以创造优异运动成绩、夺取比赛优胜为主要目标。现在广泛开展的竞技武术项目有竞技武术套路、散打以及竞技功法，以前开展的还包括太极推手、短兵、长兵，这些项目有望今后再次得到开展。

学校武术以大、中、小学的学生为主要活动主体，其技术应该以简单易学、突出技法、强调应用为主要特点，在教学理念上应该充分发挥武术的教育功能，通过教学培养学生勤学苦练、勇于拼搏的自强不息精神，以及宽容大度、行为高尚的厚德载物品质。现行的学校武术由于受到了竞技武术的影响，没有真正发挥以上功能，亟须进行一场全面的改革。

军警武术以军人和警察为活动主体，这类武术属于实用格斗技法，主要特点是“一招制敌”，极其强调动作的实用性。军人和警察所习练的内容也有所区别。一些特种兵所习练的武术实用技法以致伤、致残甚至致死为特点，严格地讲，与古代军旅武术的一些内容一脉相承。警察所习练的武术一般以擒捕技术为主，以擒获、制伏对手为特点。

社会武术是指除了以上特殊人群外，在社会上其他人群中广泛开展和流传的各类各色的武术，这类武术既包括公园里晨练的健身类武术，也包括民间拳师教习的武术，还包括各类武术社团、馆校开展的武术。

第二讲

武德与武术礼仪

武德自古以来一直是习武者的精神规范，隐藏在武术的各种礼仪规范之中，约束着习武者的言行举止，并伴随其一生。本讲从习武修德的重要性入手，分析武德的内涵、当代价值等问题，并对常用武术礼仪及不同场合的武术礼仪规范做简要介绍，以期为大家学习武德的基本理论提供帮助。

习武修德的重要性

武德是习武之人学习或运用武技时应遵循的道德规范与准则。在中华民族悠久的道德伦理的浸润与滋养下，体现其独特的价值与功能。

一、习武者的价值追求

武谚曰："未曾学艺先学礼，未曾习武先习德。""武德比山重，名利草芥轻。"对于习武者而言，武艺的高超只是习武者名震天下的一部分原因，如果空有一身好武艺而没有高尚的品德，也会为武林同道所不齿。历代的武术名家之所以能名扬千古，除了其出神入化的武术技艺外，更重要的是，其高尚的人格与社会责任感影响了一代又一代的习武者。被奉为"武圣"的关公，一代宗师霍元甲，还有功夫明星李小龙等，他们的伟大和显赫不仅在于其武术技艺的高深，更重要的是，他们都形成了一种榜样的力量，对后人产生了深远的影响。寒来暑往的严苛磨砺锤炼出习武者百折不挠的顽强的意志品质，道德的规范也逐渐内化为他们的价值认同和生活态度，因此那些德高望重、德艺双馨的武林豪杰在习武者心中产生了愈加强烈的感染力。武德使习武者找到一种心理上的归属感，并产生情感共鸣，从而使其更加重视习武修德的重要作用。

二、习武者的行动准则

以郭沫若为代表的古文字考释家们认为，“德”从字面上看是从直从心，意思是把心里放端正，正如《大学》所说的，“欲修其身者，先正其心”。“德”强调的即是端正心性，反省自我，向别人学习。宋代史学家司马光在《资治通鉴》中说，“德者，才之帅也”“才者，德之资也”，由此可见，德是统率才的。如果没有德，才就用不到正确的方向上，就有可能用自己的聪明才智去作恶。这是中国人特有的德才观，也深刻地影响着武术人对习武修德的认识。

习武是一把双刃剑，品行端正的习武者可运用武术的技击功能服务社会，在保护自己的同时见义勇为，同不良势力做斗争，维护社会的安定团结；但如果没有端正的品行，则会导致利用武术技能恃强凌弱，危害四方，败坏社会风气，或者好勇斗狠，逞血气之私。因此，必须要对习武者的行为进行约束与规范。“修德”是一种制约习武者行为规范的内在机制，推崇的是习武者道德修养的修炼，要求习武者诚信正直，谦和忍让，见义勇为，遵守社会公德，它最主要的作用在于使习武者内心深切感悟不能滥用武力、为非作歹。具体要求体现在包括其心性修养、道德作风、精神境界和武术礼仪等多个方面，贯穿于拜师择徒、习武、教武、用武等武术的全过程。所以说，习武修德是习武者的行动准则。拳谚讲：“心正则拳正，心偏则拳偏。”“德薄艺难高，敦厚功易深。”“无拳无勇，无德无拳。”“人讲信义，拳见正义。”“劝士切记守武德，才能学到真本事。”这些看法将习武与修德结合，更凸显了修德对于习武之人遵守行为规范的重要意义。武术千百年来绵延不绝，也正是有赖于这一行动圭臬的有力保证。

三、对习武者人格完善的历练

习武修德，促进了习武者人格的不断完善。首先，练武讲究“冬练三九，夏练三伏”。刻苦的训练是对习武者意志品质的磨砺，也是其武技得以提升的必要条件。能够持之以恒地坚持武术锻炼，需要习武者对自身的严格要求和自律自觉。武德在这一方面对习武者提出了要求，许多武术戒约或门规中都要求习武者爱惜自身，不纵欲，戒除一切不良嗜好。其次，习武修德也是对智慧的追求和对自身达到“至善”的一种期望。孟子认为人性本善，主张在性善说的基础上，加以教化，使人至善。武术所依靠的教化便是武德，传统武术的伦理思想和道德意识把意味着暴力与残恶的武技引导向“和为贵”“仁者为上”的修身养性的崇高层次，追求“天人合一”的思想境界。因此，对武术道德的追求，是对知识和道德的共同追求，习武者希望做到“内固精神，外示安逸”，从而达到“内圣外王”的智慧高度和“止于至善”的道德境界。武德中讲，“抑其血气之刚，而进之以德义之勇”，并认为，“这才是修炼拳术的大是大非之明辨者。唯道适从，不背道而驰，最终必然可获神明境界之正果。”

法律规范下的武德

武德所崇尚的“义”是随着社会环境和历史条件的变化而变化着的。古代社会，熟谙武术的人比一般人更具攻防技击的能力，“武”是古代社会匡扶正义、书剑恩仇的物质基础，“义”则是传统社会习武之人的精神法则和共同信仰。以“义”“勇”为核心的武德在当时的社会环境下是依附于一定形式和组织而存在的，它是一种法律之外的产物。面对统治阶级的残暴与民众公平正义被剥夺的现实，那些同时拥有武勇技能与侠义精神的习武者会挺身而出“替天行道”。这种“伸张正义”的武德为所有习武者所提倡，同时也受到了广大民众的拥护和爱戴。因此，在当时的社会，秉持着匡扶正义的习武之人有时即使做出了抢劫、放火等对别人的人身财产安全造成威胁的行为也未受法律的制裁，因为这是从另一方面对社会的稳定起到了促进作用。然而，如此“侠义之举”在当代社会显然是行不通的，因为这种利用武力惩恶扶正、伸张正义的超越法律之外的手段已经不再符合社会的要求。个人的武德只有在社会共识的秩序规范中适应社会实践才具有实践的价值和意义。

当今社会是法治社会，法律的本质是社会契约，是具有社会共识意义并具有强制性的秩序规范。遵纪守法是习武者最基本的道德规范，培养武德是为了使习武者在武技活动中能自觉地遵纪守法。事实上，武德也具有社会契约意识和强制性。武德包括的诸如武术戒条、门规、戒约等内容就对习武者的行为具有强制性的要求。鉴于武术的暴力性极易造成人身伤害和恶劣的社会影响，“禁浮艺”“禁狂斗”“戒恃艺仗势，斗狠逞强”“严禁恃技行凶，欺负残弱和作劫行盗及诈骗他人”等相关武术戒条，在历史上的任何时期几乎从未远离过武术立规者的视野。而在当代法治社会条件下，弘扬武德中重戒行、守底线的武德精神有助于在习武群体中树立法治理念、增强法治意识，进而推动武术领域进行法治建设。

武德的内涵

建立在中国伦理文化基础之上的武德以“尚武崇德”的精神为核心，并将这一要义贯穿于习武、用武以及传武的始终。在中华传统文化的熏陶与滋润下，武德具有其独特的内涵，这些内涵我们将其归纳为三个方面的内容。

一、以儒家思想为精神内核

武德的实质是习武之人的言行准则，它涵盖了社会公德和武术界约定俗成的道德规范，是中国伦理文化在武术实践中的显现。儒家思想是中国伦理文化的核心，构筑了中国人特有的人与自然、人与人以及人与社会之间的关系法则。这一法则的形式为“礼”、内容为“仁”，它与社会组织、教育教化方式、政治秩序、社会惩罪方式结合在一起，形成对社会成员的道德知识、道德实践的社会性控制和规导。可以说，儒家伦理规范是典型的道德教条，指向了“礼”与“仁”的宏伟道德志向的修炼。扎根于中国传统文化沃土的武术，将“礼”与“仁”的宏伟道德指向以武德的形式呈现出来。在传统伦理道德文化土壤的滋养下，它不仅与儒家伦理道德的研究对象和研究内容有着密切关系，其道德理念和行为规范也彰显着中国传统伦理道德的终极理想。

二、以“尚武崇德”为价值追求

武术文化植根于中国传统文化的广袤沃土之中，其信奉的是中国特有的和谐共生的处世哲学，追求的是“内圣外王”的终极智慧。因此，也就形成了与之相适应的精神追求和行为准则。武谚云：未曾学艺先学礼，未曾习武先习德。“崇德”是中国尚武群体的精神信仰。习武者将“德为艺先”“德艺双馨”作为终身追求的目标和必须奉行的铁律，因为它像一盏明灯指引着习武者达成自身与外在的通透明达。在“尚武崇德”的价值指向之下，武德以严格的门规戒律、发人深省的武术谚语以及带有警示作用的武术戒约影响着习武者形成正确的世界观、价值观、人生观。在武德的感召下，尚武的中华民族执着地追求着智者不惑、仁者不忧、勇者不惧的价值取向，践行着为天地立心、为生民立命、止戈禁暴、厚德载物的生命理想。

三、贯穿于武术活动始终

武德不仅是抽象的理念与信仰，更是每一个习武者践行的准则，贯穿于武者择徒拜师、习武、用武等武术活动始终。

武德在择徒拜师方面强调，“武艺须传忠诚有志之士，平易谦恭之人，匪僻之徒，决不可传”“缺德者不可与之学，丧礼者不可与之教”“学拳宜以德为先”“为武师，须教礼，德不贤，不可传”等。这些要求大量体现在各拳种门派所制定的具体戒约与信条之中，其关注的问题最终还是习武者的道德品质，目的在于要培养“德技并举”的正人君子。

武德在习武的过程中是对习武者意志品质的要求。意志品质是一个人在具体实践中自觉克服困难，实现预定目标的一种比较稳定的心理特征。作为武德的一种表述，意志品质强调的是习武者通过体肤磨砺而达到的人格完善，是一种对“德”的宣扬，其中包含了“勇能达德”的内容。良好的意志品质是习武者获得武技真谛的保证。从拜师习武到学有所成，习武者必须付出异于常人的艰辛方能有所收获，这其中必须有高于常人的意志品质，武谚中所言的“德薄艺难高”，就表述了这一层含义。只有随着武技水平的不断提高，意志品质的锻炼和提升，习武者才能逐步深化对武德的理解与践行。作为完整反映习武者习武过程心理特征的意志品质，主要由习武者心无旁骛的专心、刻苦磨砺的苦心和坚持不懈的恒心三方面内容组成。专心、苦心和恒心三个方面互为作用，是习武者意志品质的有机构成，也是对每一位希冀在武功上登堂入室者的要求和考验，其中透射出了中华民族厚德载物的崇高品行和自强不息的进取精神。

武德在施武用武方面，体现为对习武之人手德、口德、公德的要求。手德是指在比武较量时不要以武力伤人，不到万不得已时不许出手，即使与人交手时，也应“点到为止”。口德是指不以言语诋毁中伤他人。公德即自觉遵守社会道德规范，奉公守法，坚决不做扰乱社会治安的事情，它提倡习武者以修身养性为宗旨，以自卫为信条，反对好勇斗狠、恃强凌弱，并且要以武济世、伸张正义、扶危济困、见义勇为，要有坚贞的民族气节并富有强烈的爱国热情。《精武会训》规定：“凡我会员必须以仁爱为怀，服务为旨，为我所有，助人所无，牺牲个人之力量，以求造福于人群。”中央国术馆也曾把“爱国、修身、正义、助人”作为武德规范。在当代社会，武德要求习武者要勇于承担社会责任，见义勇为，伸张正义。

武德的当代价值

武德是中华民族精神于武术运动中的集中体现。习武人士始终贯彻并师承着“习武先修德”这一传统思想道德理念，而这一理念在当代社会具有非凡的价值。

一、滋养浩然正气，构建和谐社会

中国古代著名思想家孟子曾说：“吾善养吾浩然之气。”何谓“浩然之气”？“其为气也，至大至刚；以直养而无害，则塞于天地之间。其为气也，配义与道；无是，馁矣。”在孟子看来，“浩然之气”就是充满在天地之间的一种十分浩大、十分刚强的力量。这种力量来源于人自身人格修炼的过程，凝聚了正义和勇敢，是为了实现一个崇高的价值目标所表现出来的刚正宏大的精神气概。著名武术家蔡龙云先生曾说过，武术练就的正是这样一股浩然正气——是敢于拼搏的不懈意志与果敢刚毅的尚武精神。在武术文化体系中，这一精神特质主要由武德来诠释。和平与发展是当代社会的主旋律，但是仍然有一些不安定的因素蠢蠢欲动，不利于和谐社会的构建，再加上激烈的社会竞争所带来的工作节奏的紧张化以及社会关系与矛盾的复杂化，不仅使人的体质下降、身体各部分机能发展失调，而且使人的精神压力增大导致心理失衡。当代社会对人类的身体素质、心理状态和社会道德都提出了严峻的挑战。为了解决新的社会历史条件下产生的人的身心扭曲和异化，亟须通过对身心的全面训练，滋养浩然正气，将身体活动和精神修炼融为一体。因此，发挥武德的教化功能，弘扬浩然正气，培养习武者刚正不阿、威武不屈的精神状态，有助于构建和谐社会。

二、弘扬人文精神，共享中国智慧

21 世纪是不同文明冲突与融合的时期，人文科学对于人的全面发展的重要作用越来越受到社会的关注，弘扬人文精神，将为减少冲突、增进融合提供理论的资源和现实的智慧。从这个意义上来说，武德具有特殊的价值。武术向海外推广传播的目的正在于此。武术宣扬的不是依靠技术好勇斗狠、恃强凌弱，而是以武术技术为载体，宣扬中国文化中的人文关怀，以达到“尚武崇德、修身养性”的最终目的。武德教育注重人文精神培养，以涵养人的精神、提高人的素质为目的。这也正是孔子学院要向世界传播的中国文化的特别之处。“孔子学院需要向世界传播的是中国传统文化，更确切地说，是中国儒家思想中具有世界价值和现代意义的内容。”儒家思想中的仁、义、礼、智、信及仁义道德、仁者爱人、道德教化思想是中华民族得以凝聚、民族精神得以传承的不竭动力，也是中华文明延续至今并不断产生生命力的源泉之一，这些不仅是中华民族的宝贵文化遗产，也是世界文化的一部分，应该与世界人民共享。

武德正是儒家思想道德的一种践行。受儒家“仁”的思想的影响，中国传统武德强调仁爱原则，要求习武者必须具有相当的涵养，遇事要能忍则忍，在一般情况下不得轻易与人交手，即使被迫应招，不到万不得已也不能骤施杀手。讲义重义更是习武者共同的信仰，它是武艺与个人品格的综合体现。“礼”来自人的恭敬辞让之心，是仁义道德的节度及由此产生的待人接物的礼节仪容。武术界对“礼”有其自身的严格标准和规定，也有一系列具体的、形式化的礼仪，习武者按此进行道德践履，是“仁”与“义”向行为落实的一个重要环节。《咏春白鹤拳・拳谱》中有训：“不信者不教，无礼者不教。”在精武会会章上刻有“精武之言行：坐言起行，证从事实，精武士之守信，一言诺，重于订诺”。历代习武者也正是秉承着儒家仁、义、礼、信、勇的精神来习武、做人、做事的。

因此，重视武德的人文关怀，以修身养性为习练武术的宗旨，实现人的身体与精神的全面发展，让这一中国智慧为当前世界追求和平与发展的时代潮流服务，才是武德的当代价值所在。

三、完善武术理论体系，推动武术文化发展

武德是武术理论体系中不可或缺的一部分，武术理论体系的完善离不开对武德体系的完善。传统武德是一个完整的体系，涵盖武技、武规、武礼、武魂四个层面的内容，包括处理习武者与技术的关系、与行业的关系、与他人的关系、与自身的关系四个方面的内容。所以，于当代武术教育而言，传统武德能够从多角度、全方位地对习武者产生影响，如习武者在进行武术习练活动时的技法、歌诀；在与人交流中的礼节、礼仪；在从事武术工作时的规则、规范；等等。从这些方面都能够体现出武德之中属于武德灵魂的君子之道、勇烈之气、侠义之节，这对推动武术文化的发展有着深远的价值。

常用武术礼仪

武术中的“礼”文化是武术文化的代表，甚至可以说“武德”的重要内容就体现在武术礼仪之上。常用武术礼仪包括拳术中的礼仪规范和使用器械时的礼仪规范。

拳术中的礼仪规范主要有抱拳礼、注目礼、颔首礼、鞠躬礼等。下面我们简要介绍一下这些礼仪规范的具体要求。

抱拳礼：并步站立，右手成拳置于胸前，屈臂成圆，左手四指并拢伸直成掌，拇指屈拢，左掌心掩贴右拳面（左指根线与右拳棱相齐），左指尖与下颌平齐，右拳眼斜对胸窝；肘尖略下垂，双肘不可扬起；拳掌与胸相距20~30厘米；头正、身直、目视受礼者，面容举止大方。

注目礼：并步站立，目视受礼者或向前平视，勿低头弯腰，表示对受礼者的恭敬、尊重。若表示对行礼者答诺或聆听指教受益时，可微点头示意。

颔首礼：并步站立，身体自然直立，目视施礼者，点头示意，身体保持中正。

鞠躬礼：行鞠躬礼时并拢双脚，视线由对方脸上落至自己脚前1.5米处（15度礼）或脚前1米处（30度礼），抑或脚前0.4米处（60度礼）。男性双手放在身体两侧，女性双手合起放在身体前面。鞠躬时必须伸直腰、脚跟靠拢、脚尖微微分开，目视对方。然后将伸直的腰背（由腰开始的上身）向前弯曲。

其中，抱拳礼尤其具有武术特点和民族特色，其文化内涵主要有以下七个方面：并步站立，表示尊敬；左掌四指并拢表示德、智、体、美四育素质齐备；屈拇指表示谦虚谨慎不自大；握右拳表示武勇顽强；左掌掩右拳表示“武不犯禁”“勇不滋事”；左掌为文，右拳为武，表示尚武崇文、文武双全；两臂环抱成圆，表示以武会友，以和为贵，天下武林是一家。

使用器械时的礼仪规范包括持器械礼仪、递器械礼仪和接器械礼仪等。举例来讲，持械礼仪如持剑礼，要求并步站立，左手抱剑，屈臂使剑身贴于小臂外侧，斜横于胸前；右手拇指屈拢成斜侧立掌，以掌根附于左腕内侧，两腕部与锁窝同高，两臂外撑，肘略低于手，目视受礼者。递械礼仪如双手托刀递，要求并步直立，左手托护手盘，右手托刀前身，使刀平横于胸前，刀刃向里（刀刃不对师），目视接刀者，表示徒弟虚心虔诚向师长求教，请予示范。同辈之间也可施用。接械礼如接刀（剑）礼，要求并步站立，左手掌心朝上托刀于递刀刃者两手之间，右手掌心朝下接握刀柄，目视右手并接刀。

武术教学礼仪

武术教学除要求使用一般的课堂教学礼节之外，还有一些武术项目特殊的礼仪规范。武术教学礼仪的目的是以礼明德，潜移默化地促使学生形成良好的武德，从而提升学生的精神风貌。武术教学礼仪分为技术课教学礼仪和理论课教学礼仪两个部分。

武术技术课教学时，教师在上课前发出“上课”口令；体育委员喊“行礼”口令后，全体学生面向教师行抱拳礼，并说“老师好”；教师回行抱拳礼，并说“同学们好”；教师礼毕后，体育委员喊“礼毕”口令。如有学生迟到，迟到的学生面向教师喊“报告”，然后行鞠躬礼，待教师同意后入队。教师讲解动作要领时，全体学生面向教师成跨立或稍息姿势。如教师发出“蹲下”口令，全体学生成蹲姿；如教师发出“坐下”口令，全体学生成坐姿。无论学生成蹲姿还是坐姿，均要求昂首挺胸，注视教师。课间时，学生因事需离开练习场地，先向教师报告，行鞠躬礼后说明原因，在教师同意后方可离场。回到场地，先向教师报告，行鞠躬礼，得到教师的同意后方可归队。在武术课即将结束之前，教师发出“下课”口令后，体育委员喊“行礼”口令，全体学生向教师行抱拳礼，并说“老师再见”；教师回行抱拳礼，并说“同学们再见”；教师礼毕后，体育委员喊“礼毕”口令。

武术理论课教学一般在教室进行。当教师走上讲台并发出“上课”口令后，体育委员喊“起立”口令，全体学生起立；体育委员喊“行礼”口令，全体学生面向教师行抱拳礼，并说“老师好”；教师回行抱拳礼，并说“同学们好”；教师礼毕后，体育委员喊“礼毕”口令；体育委员喊“坐下”口令后，全体学生就座。在武术理论课即将结束之前，教师发出“下课”口令，体育委员喊“起立”口令，全体学生起立；体育委员喊“行礼”口令，全体学生面向教师行抱拳礼，并说“老师再见”；教师回行抱拳礼，并说“同学们再见”；教师礼毕后，体育委员喊“礼毕”口令，而后下课。

武术竞赛礼仪

武术竞赛礼仪是武术礼仪的重要组成部分。武术竞赛礼仪的形成，使得武术运动的现代社会适应性增强，有助于促进文化交流，彰显武术文化的民族精神，提高竞赛的参与度。武术竞赛礼仪是参与武术竞赛所有人员的行为准则。首先，在参加武术竞赛开幕式时，主持人宣布大会开幕，全体人员起立，面向国旗方向站立，保持肃穆，升国旗，唱国歌。闭幕式举行降旗仪式时，全体人员站立，保持肃穆，唱国歌。

在武术套路竞赛中，运动员听到上场比赛的点名时，应向裁判长行抱拳礼；听到裁判长宣布最后得分时，应向裁判长行抱拳礼。在武术散打比赛中，介绍运动员时，运动员应先面向裁判长行鞠躬礼，再转向观众行鞠躬礼。场上裁判员检查护具完毕，双方运动员互行鞠躬礼。比赛结束后，双方运动员上场。当听到宣布最后胜负时，应先向裁判长行鞠躬礼，然后转向观众行鞠躬礼，再面向对手行鞠躬礼。

裁判员在武术竞赛时应穿着统一的服装，佩戴统一的裁判标志。比赛开始，广播员介绍技术监督委员会成员时，被介绍者起立行抱拳礼；介绍仲裁委员会时，被介绍者原地行抱拳礼；介绍总裁判长、裁判员时，被介绍者左脚向前一步，右脚跟上并步站立，行抱拳礼，礼毕，右脚后退一步，左脚向后与右脚并步站立。在比赛开始或结束时，当运动员向裁判长行抱拳礼或鞠躬礼时，裁判长应点头示意，以示还礼。

武术场馆布置

武术场馆是进行武术段位考评、教学、训练与比赛的专用场所。应在武术教学、武术训练、武术比赛的场馆及举办会议场所的适当位置悬挂国旗和武术协会会徽；在武术会议、比赛活动开始时，应举行面对国旗肃立、奏唱国歌的仪式，现场全体人员应面对国旗肃立，行注目礼。

按要求摆放武术器械也是一种武术礼仪。这不仅体现出习武者的道德修养和礼仪规范，也表现出习武者对武术器械的尊重、爱护，同时是敬业、尊师、重教、育人的优良传统。武术比赛、教学、训练场地应有兵器架或用于武术器械摆放的专门位置。如有兵器架，器械应放在兵器架上。如没有兵器架，短器械应平放在地上，靠墙摆放整齐，尖刺部位朝墙；长器械则靠墙竖立，或挂置在墙上，枪尖等有刃部位朝上，要注意安全，避免造成损伤。

武术服饰要求

武术服饰是武术段位考评、教学、训练与比赛的必需品，由中国武术协会指定的生产单位统一制作。运动员在武术段位考评、训练、教学时穿着运动员服，具备中国武术段位制指导员资格的教师在开展武术教学时应穿着指导员服，具备中国武术段位制考评员资格的人员在进行武术段位考评时应穿着考评员服，象征习武资历等级标准的段位徽章应佩戴于左胸前。

思考题：

1. 为什么说“未曾习武先修德”？
2. 简述法律规范与武德的关系。
3. 武德的内涵包括哪些方面的内容？
4. 试述武德的当代价值。
5. 试述抱拳礼的要求及文化内涵。
6. 武术教学中的礼仪规范有哪些？
7. 武术竞赛礼仪有哪些方面的要求？

第三讲

武术功能

在武术悠久的历史进程中，其功能不断地随着时代的变迁而演变。武术的产生、形成和发展是一个复杂的过程，直接导致了武术功能的多元化发展走向。不同的历史时期，由于社会生产力发展的不同和不同社会阶层社会需求的差异性，武术功能的外在表现也有巨大差异。中国漫长的封建社会处于冷兵器时代，武术功能主要体现为技击格斗，但由于受到中华传统文化的深远影响，对习武者自身的道德养成也提出了具体的要求。近代以来，武术随社会发展逐步向体育化转型，但防身自卫与道德教化依然是其重要的社会功能。对武术在当代社会的功能及价值进行全面分析，对于全面客观地认识与传承武术具有重要的价值。

武术与西方体育健身观念的差异

作为文化的组成部分，无论是西方还是东方，任何一个体育运动项目都与各民族的文化有着密切的联系。以海洋作为外部环境发展起来的西方文明体系孕育了自由、竞争、冒险等具有西方文化特质的文化理念，在此基础之上发展起来的西方体育由此形成了对于更高、更快、更强的身体外在追求；而以东亚大陆作为基本生存环境发展起来的中华文明则呈现出相对内向、保守、伦理化等具有东方文化特质的文化理念，在此基础上发展起来的武术强调内在精神与外在身体的高度协调。健身是武术运动与西方体育都具有的社会功能，但二者之间健身的理念与机理却有着巨大的差异。西方体育主张“生命在于运动”，在锻炼过程中强调肢体的外部活动，对于人体内部因素与肢体的协调配合缺乏重视。武术则主张“内外兼修”，注重内在意气活动与外部肢体运动的相互统一，这成为武术区别于西方体育的重要标志。“内外兼修”不是与武术的产生同步的，而是武术长期受中国传统文化影响的结果。

具体而言之，基于中西方文明不同的文化基础与价值取向，武术与西方体育形成了迥然不同的体育健身观念，直接导致武术与西方体育在锻炼目的、锻炼方式和锻炼结果等不同方面呈现出显著差异。在锻炼目的方面，运动竞赛是西方体育的根本目的，以竞技水平和运动成绩的提高作为参照，“更快、更高、更强”成为基本价值准则，追求对人体机能水平的不断超越；与西方体育不同，丰富生活成为武术的根本目的，以身心合一、修身养性为参照，“自然、和谐、伦理”是武术的基本价值准则，进而追求身与心、外与内、形与神等人体机能状态的整体和谐。锻炼方式方面，西方体育重视身体特定功能的开发与提升，侧重对人体运动方式进行细分，从而推动身体特定机能得到最佳表现；武术相对更重视身体整体功能的开发与提升，侧重对人体运动方式进行综合，促进人体各机能状态的和谐发展。锻炼结果方面，西方体育注重外在肌肉与骨骼的强健，使身体素质能够通过训练得到最大限度的提升，并促进内脏器官机能状态的增强；武术则注重人体肌肉、骨骼与内脏器官的互动和谐，实现练外与练内的有机结合，通过练外实现促内、练内实现强外的有机结合，全面增强人体各个系统的机能，“外练筋骨皮，内练一口气”由此作为武术锻炼的追求而存在。武术与西方体育健身观念迥异的客观存在，直接导致两种不同的身体活动模式在锻炼目的、锻炼方式及锻炼结果等不同方面有巨大差异，使武术与西方体育在当代呈现出不同的文化特色。

武术内外兼修的基本要求

内外兼修是中国武术独有的健身理念，是中国传统养生文化与中医理论相结合的产物。内外兼修不但讲究外在的身体肌肉练习，更讲究内在的气血调节，将动静有机结合。无论是从武术外在的身体动作，还是内在的呼吸调节，以及武术功法修炼的“天人合一”，都反映了武术注重内与外、性命双修的传统健身理念。

武术内外兼修的基本要求首先表现为注重“内外兼修，缺一不可”。中国古代导引养生术的发展对于武术内外兼修理念的形成有着重要影响。以太极拳为例，

“故习太极拳者，应以养心、定性、聚气、敛神为主”。又如陈式太极拳以拳艺与阴阳开合之理为基础，结合导引、吐纳创编而成。武术的许多桩法，如太极拳的浑圆桩、形意拳的三体式等，都讲究身体外形动作与内在精神的高度协调。值得注意的是，“内外”作为哲学范畴，在武术的发展进程中运用很早。春秋战国时期，《越女论剑》中就有关于“内实精神，外示安仪”的论述。在武术流派划分中，还有内家与外家之说。武谚也讲道：“外练筋骨皮，内练一口气。”“手眼身法步，精神气力功”的“武术八法”理论中，也有对内外练习的具体要求。

武术内外兼修的基本要求还体现为“练养结合”。传统武术理论认为：“气是人体运动的物质基础，气有赖阴液的滋养。运动时阳生，气属阳，故肢体运动能导引气运行。”但过度运动会导致阳气过度消耗，对身体健康不利，因此有动练就必须有静养，需要通过静养来调养气血，调节阴阳和谐。所以，中国武术的许多拳种都既有外练的武术套路、功力单式、组合技术操练，也有以养气为主的内功练习方法。

武术健身功能的传统科学阐释

武术作为中华民族传统文化，其本身就与养生有着天然的联系。武术的气论与中国古代的导引养生术一脉相承，只是发展路径不同导致其所追寻的目标和走向不同；儒家文化与道家文化都十分重视生命，在武术的理论表达中有许多关于健身与养生的内容；武术的修炼本身就是一种对生命个体能力的释放，习练者通过习练武术可以获得更高的生命质量；武术习练场所的选择以环境宜人作为标准，可以对习练者的健康起到重要的促进作用。因此，从传统社会走来的武术在其传统发展中一直与健康有着紧密的联系。但是，由于武术在传统社会中的军事作用逐渐凸显和对技击技术的追求，武术的健康功能就被其技击功能所掩盖。但是，即使是在传统社会，武术的修炼者们也在提高技艺的同时追求生命质量的提高。“详推用意终何在，延年益寿不老春”直白地道出了武术的健康追求，指出了武术的核心价值与理念。

武术健身功能所建构的理论体系以中国传统哲学和中医学等传统科学为基

础。在某种程度上，中国传统哲学中的八卦、阴阳、五行等文化影响了武术技术体系的理论与实践导向，中医的藏象学说、经络学说、养生学说等为武术的“内功”提供了理论基础。武术在传统科学思想的影响下，以“人”为载体，对人自身的内外之别、人与自然之间的关系进行了积极探索与理性考量，在长期的实践中，逐步形成了一系列的健身方法、理念和理论体系，为武术的健身功能与价值奠定了坚实的传统科学基础。例如，形意拳要求的“六合”充分体现了中国“整体观”和“内外结合”的传统哲学理念，同时强调“心、意、气”的结合，其中的“气论”则源自传统的中医学理论。形意拳的劈拳、崩拳、钻拳、炮拳、横拳，以中国传统的“五行学说”为理论依据——劈拳五行属金，走肺经，增加肺功能；崩拳五行属木，走肝经，能疏肝理气，强筋骨；钻拳五行属水，走肾经，锻炼肾脏；炮拳五行属火，走心经，有清心安神之效果；横拳五行属土，走脾经，有健脾调胃的作用。又如，陈鑫所著的《陈式太极拳图说》中将太极拳拳经歌诀与中医经络学说紧密对应，成为中国武术健身具有传统科学基础和依据的有力证明。此外，诸多传统拳种对练功的时间、空间等要素的要求均建立在传统科学的基础之上，从而保证了武术健身理论的科学性和健身方法的有效性。

武术健身功能的现代科学实证

武术与现代科学的结合可追溯至近代。辛亥革命后，在西方体育思潮的影响下，人们对武术的认识从一种单纯的技击术逐渐转变为一种可以强健体魄的运动方式，这一认识的转变既是对武术健身功能的充分体认，也是近代以来社会发展背景下历史的必然。中华人民共和国成立以来，武术加速了科学化发展的步伐。近年来，伴随着武术学科与现代科学的紧密结合，一些研究者从科学的角度进一步论证了武术的健身功能。以太极拳为例，太极拳对老年人具有降低血管外周阻力和收缩压、提高血管弹性、增加血流量、改善外周循环的作用，长期习练太极拳在一定程度上能够改善和延缓血管的老化。长期习拳者的靶腺激素 T（血清睾丸酮）、T3 水平较高，对保持正常代谢、延缓衰老有积极的作用。太极拳运动可以调节机体免疫器官的应激系统，从而使免疫功能增强，达到增强体质、祛病延年的目的。经常习拳的老年拳师，无论在通气功能还是换气功能方面，指数均比同年龄段运动少的老年人高，长期习练太极拳对促进人体呼吸系统健康有着积极的功效。中年人在经过 7 个月的太极拳锻炼后，紧张、愤怒、疲劳、抑郁、慌乱和消极情绪纷乱总分（TMD）的得分均明显低于锻炼前，而精力、自尊感的得分均明显高于锻炼前。除太极拳以外，其他有关武术健身的研究也有很多。一些学者运用中医学、心理学、生理学等诸多学科的理论知识对武术健身的若干问题进行了积极的探讨。总之，对武术健身问题的研究是当前武术研究的热门领域之一，研究成果已充分证明武术具有良好的健身功效。

武术的攻防格斗功能

作为格斗技术出现的武术，在相当长的时间内都以攻防技术作为其技术的基础。武术同时具备防守、反击的攻防价值，可以说，攻防价值是武术的灵魂。武术的技击功能经过历史长河的洗涤、攻防实战的锤炼和历代武术家们的增益，逐步发展成为以攻防技法作为主体的技术体系，而防身功能则成为武术重要的社会功能。

武术套路的形成与发展是武术技击技术长期发展的结果，套路与格斗技术共同构成了武术的核心内容。武术的技术动作招式无论是套路的编排还是格斗技术的运用，其设计理念和运用都将“攻中有防，防中有攻”作为基本前提，攻与防由此成为武术技术中对立统一的矛盾存在，同时也是我们探讨武术技术的根本所在。攻防功能的存在更成为武术区别于其他身体技术形式的根本特点。所以，我们在对武术技术的模拟与实战过程中，无论怎样进行技术演示与运用，都处处体现出进攻与防守互变、互动的基本理念。

一、攻防互寓的理论阐释

攻防格斗是武术防身功能的基础，武术的习练者们通过对武术技法的艰苦习练和不断提高，从而实现在搏斗实践中有效保护自己的基本目的。技击是武术的本质属性，是武术技术理论与实践的起点，更是武术技术形成与演变的核心问题。在长期的发展过程中，武术的攻防转换形成了具有清晰的动作目的、完善的动作结构和系统的理论思想的完整技术体系。

攻防互寓包含了完善的动作结构。在长期格斗实践的基础上，武术逐步形成了体系化的技术动作结构，这种技术结构体系以“阴阳”“整体”为核心思想。例如，在攻防身法方面，讲究“吞吐、开合、起伏、拧转”；在攻防技术使用配合的呼吸方面，讲究“提、托、聚、沉”；在攻防技术劲力方面，讲究“横劲、纵劲、缠劲、裹劲、错劲、滑劲、合劲”等；在攻防技术步法方面，有“进、退、闪、跳、滑、插”等实战步法的要求。

武术技击的理论历史悠久。据《吴越春秋》记载：春秋时期，越王向越女请教剑术之道，越女说：“妾生深林之中，长于无人之野，无道不习，不达诸侯，窃好击剑之道，诵之不休。”这里的“击剑之道”指的是剑术的理论。对于越王具体的提问：“其道如何？”越女说：“其道甚微而易，其意甚幽而深。道有门户，亦有阴阳。开门闭户，阴衰阳兴。凡手战之道，内实精神，外示安仪。见之似好妇，夺之似惧虎。布形候气，与神俱往。杳之若日，偏如腾兔，追形逐影，光若仿佛，呼吸往来，不及法禁，纵横逆顺，直复不闻。”越女的这段话对剑术的基本原理进行了相当精辟的总结。此外，明清时期，出现了一批论述武术技击技术的专著，如程冲斗的《单刀法选》和《少林棍法禅宗》，吴殳的《手臂录》等。抗倭名将戚继光特别强调武术要学真艺，反对学花架子。为使士兵练好武艺，戚继光告诉士兵：“凡武艺，不是答应官府的公事，是你来当兵，防身立功，杀贼救命，本身上贴骨的勾当。”以激发士兵习练武艺的自觉性。近代以来，诸多武术家也从各自传承的武术拳种技法视角，对技击的理论进行了探索和思考，如姜容樵的《形意杂式捶》、徐哲东的《国技论略》、万籁声的《武术汇宗》、沙国政的《沙式通背拳》等。

上述武术技击理论的出现和发展丰富了武术的技术体系，使武术不再只是简单的身体动作的累加，而变成技术与思想的二元统一，从而在社会发展中形成了完整的文化体系，同时也使武术的习练者们可以在习练技术的同时感受传统文化的深刻思想内涵。

二、攻防互寓的运动实践

不同历史时期，社会、经济、文化的发展和军事战争的盛行等各方面的历史因素共同促进了武术攻防功能的社会实践。所以，以“攻防互寓”为核心的武术防身技术本身就是一个历史的范畴，并经历了长时期的历史发展。从现有的文献记载可知，技击、格斗是古代武术发展进程中的重要外在表现形式。春秋战国时期，《荀子·议兵篇》就有关于“技击”一词的记载。汉代史料中出现了“手搏”一词。汉代以后，“武艺”也经常用于描述个人的技击格斗能力，如形容刘封时，就说他“有武艺，气力过人”。秦汉时期，出现较多的是关于两人较技的记载，而且多见对民间私斗的记载。当然我们不能也无法还原当时格斗的场景和具体使用的格斗技法，但史料的文本记载无疑充分反映出中国古代武术所具有的突出的攻防功能，事实上，这也是古代武术能够得以发展的根本原因所在。

古代的武术竞技运动有效地推动了武术技术实践的发展，促进了武术技击水平的提升。南宋时期，武术的竞技比赛已经具有相当规模。据《梦粱录》记载：“若论护国寺南高峰露台争交，须择诸道州郡膂力高强、天下无对者，方可夺其赏。如头赏者，旗帐、银杯、彩缎、锦袄、官会、马匹而已。顷于景定年间，贾秋壑秉政时，曾有温州子韩福者，胜得头赏，曾补军佐之职。”在武术众多拳种的招法运用与技术动作练习中，进攻和防守经常是合二为一的。例如，太极拳的“掩手肱捶”是攻防一体的技术特点体现；又如，八极拳中的“扑面掌”，则是左手下压对手进攻之拳和右手直击对方面部同时进行，形成下压和斜上方击打的矛盾力。因此，武术拳谚有“攻防得势，步占先机”的说法。

武术之所以具备防身功能，是武术技击本质属性存在的必然结果。技击追求的并非只是击败对手，其首先追求的是对自己的有效保护，只有在自己相对安全的基础上制胜对方才有意义，所以，武术技击的本质是要求防身功能的全面体现。因此，武术不但作为一种攻击技术而存在，更作为一种防身技艺而存在，攻防转换作为武术技击实现的枢纽成为武术技术体系的基本特征而存在。

武德的存在和发展是武术受传统文化影响的结果，也是中国武术不同于西方格斗术的根本所在。由于武德的存在使中国武术不再只是作为一种人体本能的搏杀术而存在，而是更多地彰显人文色彩。所以，尽管古代军事武术本身带有浓厚的搏杀内容和击败对手的追求，但武术在文化层面上更多地表现为防身自卫的技术，而非简单粗暴的恃强凌弱的搏杀之术。习武者通过长期的武术训练，使自身实现了由技击之术到技击之道的转变。由技入道也由此成为武术区别于其他体育运动的重要特征，这也是武术攻防功能形成和发展的基本路径所在。

武术锻炼与人格完善

从武术修身的过程来看，修身其实是自我教育的过程，也是文化知识传播的过程。武术教育是通过习练武术技术，践行武德与武术礼仪，从而潜移默化地对习武者内在的心理价值层面产生影响，最终达到完善其人格的目的，这是武术修身功能的社会价值所在。

一、实现文化教育目的

谈及武术教育，武术文化是不可忽视的内容。武术文化是在中国传统文化的熏陶下，经过长期的积淀而逐渐形成的一种文化形态。从倡导“文武之道”的孔子开始，武术就已经与文化产生了密切的联系。唐代的公孙大娘剑器舞不仅使杜甫留下了传世的诗篇，也让张旭的草书得以精进，成为一代书圣。由此可见，通过学习传统文化知识，实施文武结合的教育，从而达到文武双全的武术人才培养目标。因此，武术与文化的结合，尤其是与传统文化的融合，是武术教育得以发展的重要前提，而武术与文化的交融对武术修身功能的拓展也具有积极的推动作用。通过对习武人士的文化教育，从而达到逐步完善其人格的目的。可以说，武术教育是手段和载体，武术修身才是最终的目的和结果。

尽管武术在技击上有十分明确的要求，但在实际修炼过程中却很难用具体的标准来衡量习练者水平的高低。由于受到中国传统文化的影响，武术本身追求一种习练过程的心理享受，因此，享受过程成为武术习练者最终的追求。即使是竞技，武术也是讲求点到为止，竞技的目标绝不是胜负本身，而是对道的追求，对更高习练水平的追求和向往。中国自古崇尚“修身、齐家、治国、平天下”的人生理念。对习武者而言，要达到这种成功人生的至高境界，须在武学上勤学苦练，更要在道德修养上臻于完善，唯有如此才能实现“内圣”与“外王”的有效统一。武术的修身功能是武术功能的核心所在，也是武术文化思想的精髓所在。在物质文明与精神文明同步发展的历史新时期，武术的修身功能必将发挥更为重要的独特价值，也必将为人类文化的和谐发展做出更大的贡献。

二、提升个人品德修养

在儒家文化和道家文化的影响下，在小农经济基础上，武术贯穿着对“中与和”的追求。“致中和”是中国文化的理想境界，也是其最高的文化表达。基于这样的文化背景，武术在其搏杀的外表上增添了一丝温情。最晚至于汉代，武术就已提出了对习武之德的要求，王充的《论衡》和曹丕的《典论》都已有师徒传承习练剑技的记载，并在传承过程中明确提出对习武者的品德要求。应该说，这是中国古代体育做出的一个超越时代的贡献。

而且，从文化的角度来看，武术超出了一般体育的范畴，是一种由身体运动提升到武德修养，乃至人格完善的教化过程。因此，通过对武术的学习，使习练者认识到，要想达到武术的高层次境界，除了讲“练”之外，还要重“修”，而修为的高低可以通过一个人的言行举止表现出来，这也是我们所说的武术的德行观。

武术习练对习练者的武德有明确的要求。少林功夫扬名宇内，在少林功夫中有“十不传”：人品不端者不传，不忠不孝者不传，人无恒心者不传，文武不就者不传，借此求财者不传，俗气入骨者不传，市井刁滑者不传，骨柔质钝者不传，拳脚把式花架者不传，不知珍重者不传。由此可以看出，其中大多是关于道德的要求。《少林戒约》规定：“平日对待师长宜敬谨从事，勿得有违抗及傲慢之行为。”除此之外，不同的拳种流派都制定有相应的门规戒律，对习武者的言行进行规范和约束。太极拳传授对习练者也有很高的道德要求，也有“十不传”之说：不传无德者，不传得宝忘师者，不传无纳履之心者，不传心术不正者，不传半途而废者，不传心迹不轨者，不传好怒好愠者，不传匪事多端者，不传狂妄自大搬弄是非离间团结者，不传不知师弟之道者。这些武术的门规戒律使武术摆脱了竞争与搏杀而回归道德的诉求。

由此可见，武术作为一项具有技击功能的身体技术，在习练者不断追求实战技术水平提升的同时，又要求习练者在技击对抗中遵循基本的道德诉求，从而对武术习练者的道德修养提出了具象化的要求。正因如此，武德的存在与发展对传授者和习练者都提出了道德方面的要求：既要求传授者将高尚的武术道德寓于平时的武术教习之中，也要求习武之人在格斗技击能力提升的同时摒弃“争强好胜、恃强欺弱、崇尚暴力”的不良思想。武术作为一项技击术，在技术运用过程中给予一定的道德要求，从而推动其在社会中的广泛开展，同时也使习练者在习练技术的过程中加强自我修养，提高道德水平。

思考题：

1. 谈谈你对武术与西方体育健身观念差异的认识。
2. 如何理解“内外兼修”是中国武术独有的健身理念？
3. 简述传统科学是如何对武术的健身功能进行阐释的。
4. 请从现代科学的角度简要论证武术的健身功能。
5. 为什么说攻防互寓是武术技术体系的基本特征所在？
6. 简述武术锻炼与人格完善的关系。

第四讲

中国武术简史

中国武术有着悠久的历史，其最早的发端几乎与中国的文明进程同步。夏、商、西周、春秋、战国、秦、汉、魏晋南北朝时期是武术的初步发展阶段。武术体系的整体构建在这一时期尚未完成，但这一时期武术的发展为后来武术走向完备奠定了坚实的基础。隋、唐、五代十国、宋、辽、西夏、金、元时期是武术持续发展并渐趋成熟的阶段，武术体系基本形成。明、清时期则是武术形成完整体系的发展时期。近代以后，由于冷兵器时代逐步逝去，武术一直以一种开放的胸怀寻求自我的突破与改变，在与外界的持续交流中，武术逐步对自身所负载的传统进行变革，以适应社会转型的需要，这种自我变革是武术现代化历程中不可或缺的步骤。中央国术馆的出现成为武术近代化转型的重要标志。武术的发展是一个漫长的历史进程，对于武术历史的认识是我们学习武术的基础，也是武术未来发展的基石。

武术的起源

中国武术作为一个历史的范畴，其产生发展与中国文明的历史进程基本同步。在石器时代的文明星星之火中就可以看到武术发展的萌芽。原始社会狩猎活动既是人类生存的基本活动，同时也使人类在狩猎过程中逐渐掌握了徒手或使用木棒、石头等工具同野兽搏斗的基本生存技能。原始社会人类在长期发展的过程中掌握的基本搏斗技能，成为后来有意识地进行技能练习的最初基础，同时也成为中国武术最初的起源。

据考古资料显示，旧石器晚期已经出现了尖状的骨簇、骨矛头等，原始人类将它们安装在木棍上，成为最早的复合型武器。新石器时期，人类已可以广泛使用弓箭等工具来狩猎，旧石器时代的刮削、砍砸等工具逐渐向精细化发展，石刀、石匕首、石矛等工具开始出现。

新石器时代晚期，随着社会生产力的发展，原始人类狩猎时使用的工具和基本技能，逐步成为原始人类之间互相争斗的工具和技能。部落战争的出现推动了格斗技能的形成和发展，人们开始有意识地总结战争中成功的格斗方法，并不断加以模仿，加强练习，逐步扩大这些格斗方法传授的范围。格斗技术同时开始为军事训练服务，成为军事训练的重要内容。同时，原先用于狩猎的生产工具开始转化为战争中使用的武器，为军事活动服务。这些服务于军事活动的基本技能，为武术的萌生发展奠定了基础。

先秦时期的武术

商周时代，随着频繁的征服战争与青铜兵器制造技术的发展，军事武艺在这一时期得到了快速发展，青铜武器的广泛使用成为这一历史时期的重要发展特征。

商周时期，北方平原地带的战争以车战为主。据《诗经》记载，车战的过程中“左人持弓，右人持矛，中人御”。古代的战车多为两轮四马，方形车厢，上立三位甲士。其中，左边为一车之首，称“车左”或“甲首”，以弓箭作为主要武器；右边称“车右”或“参乘”，以戈、矛为主要作战武器；中间的为御手，主管战车的驾驭。由此可以看出，戈、矛已经成为商周时期重要的长兵器。剑这一武术发展进程中重要的兵器也起源于商代。从考古资料来看，商代的剑如刀矛型匕首，柄首略曲，双锋刃，长约 30 厘米。西周时铜剑的形制种类比商代增加了许多，但基本形制和商代一样，均较短小，多为肉搏防身之用。

战国时期，随着生产力的发展，铁器开始登上历史舞台，步战与骑战开始成为军事斗争中主要的作战方式。与战争方式的改变相适应，兵器也随之改变。原先适用于车战的长兵器，不能适应步战与骑战的要求，所以明显改短，且重量减轻，以便战士们使用起来更加得心应手。铁器的出现，从冶炼制造技术上解决了短兵变长的问题，使长剑能更好地发挥两刃的作用，从而使刺、劈、挂、撩等各种剑法的出现成为可能，使剑术的内容、方法更加丰富多彩。

原始社会徒手格斗已经有了一定的发展，到商周时代已经形成了具有一定技巧的格斗术。《礼记》记载："凡执技论力，适四方，裸股肱，决射御。"这说明"执技论力"这一对抗方式在商周时代已经成为比赛形式。商周时期已经有了专门的教育，习练武术技能成为教育的重要内容，"六艺"中的"射""御"是当时车战最重要的军事技能。西周的射礼对于武术精神与武德的形成具有重要意义，成为中国武术"未曾习武先习礼"和"武以德彰"等传统的重要基础。

商周时期，武术的功能也开始多样化发展，已经具有了表演、竞赛和娱乐等多种功能。斗剑之风盛行成为商周时期武术功能多样化最好的社会外现。《庄子·说剑》真实地反映了战国时代斗剑的风气和体制。

"士"及"游侠"的出现表明武术在民间得到了广泛发展，越女、鲁石公等民间武艺高超的技击家的出现更是推动了武术的民间发展。与武术多样化功能的出现相伴，武术技艺也取得了重要的发展。与军事战争中的战阵武艺相比，平民与贵族对个人武艺的追求使武艺体现出个体性更强的特征，技艺的表现形式则更为复杂。《庄子·说剑》与《越女论剑》中关于武技之道精微深奥的论述成为中国武术在商周时期发展的重要理论呈现。

民族融合与重视武备

农耕民族与游牧民族的冲突与融合一直是中国历史进程中的重要发展脉络。面对长期以来北方游牧民族的入侵，汉代统治者特别重视武备和军事训练。重视武备，又反过来促进了武术本身的发展。如汉代弩射的发达，就与汉、匈奴战争直接相关联；而刀取代剑的地位，则与刀更适合骑兵的劈杀有关。

魏晋南北朝是中国历史上剧烈动荡的时代，也是民族冲突剧烈、民族融合迅速发展的时期，频繁的战争和军事的需要使武艺有了较大的演进。两晋继承了汉魏的兵制，仍以"世兵制"为主。所谓"世兵制"，即士兵全家变为军籍，以兵为业，世代为兵，这种制度使军事技能包括武艺成为家传，对武艺的提高起到了一定的促进作用。西魏创立“府兵制”，把军权集中在中央，兵农合一，依然重视武艺和训练。唐代的统治者十分重视对府兵的军事训练，府兵是一种寓兵于农的军事组织，府兵战士平时从事农业生产，农闲时进行军事训练，对府兵的武艺训练十分严格，如“有教习不精者，罪其折冲，甚至罪及刺史”。府兵出征时需自备武器和衣粮，但可以免除租调，并可以通过军功得以升迁。所以，当时的青年大都十分重视习武，以实现从军的愿望，这就使习武活动的范围扩大到整个国家。

北方民族作战以骑兵为主，而南方则是步骑配合作战。骑兵要求更加熟练地运用矛、槊等长兵器，而步兵则多用刀、盾、双戟等短兵器。同时，骑射与步射仍是极其重要的军事武艺。如梁简文帝所撰的《马槊谱》一书序言称：“马槊为用，虽非远法，近代相传，稍已成艺。”汉魏以后，刀逐渐成为战争中的重要武器。到魏晋南北朝时期，刀、盾多用于步战。又因刀为短兵器，携带方便，所以也成为人们日常佩带的防身之器。射术从来就是作战的重要武艺，北方民族的善射，促使射术有较大的发展。关于硬功的文献记载此时也开始出现，如《魏书·释老志》便载惠始和尚自云能“身被白刃而体不伤”等。

魏晋南北朝时期及以后的隋唐时期，民族融合的迅速进行和国家对武备的重视推动了武术的发展和传播，是中国武术发展进程中的重要时期。

娱乐性武术的出现与武舞

武舞在中国早期文明进程中即有所呈现，到汉代尤其是东汉时期，武舞已有相当的发展，如剑舞、斧舞、钺舞等，其动作有强烈的技击含义。汉代的武舞，除了单舞，还有多种形式的对舞。如《西京杂记》载：“秦末有白虎见于东海，黄公乃以赤刀往厌之，术既不行，遂为虎所杀。”张衡的《西京赋》亦云：“东海黄公，赤刀粤祝，冀厌白虎，卒不能救，扶邪作蛊，于是不售。”由此可见，“东海黄公”之戏有打斗胜败的场面，其中就有武术徒手对刀的内容，这种带有巫术色彩的武舞，后来演变为戏剧表演。

魏晋南北朝时期，娱乐化的武术经过进一步发展，已经成为一种常见的活动。《魏书·奚康生传》载：“正光二年三月，肃宗朝灵太后于西林园。文武侍坐，酒酣迭舞。次至康生，康生乃为力士舞，及于折旋，每顾视太后，举手、蹈足、嗔目、领首为杀缚之势。”这一记载生动地描述了力士舞的动作形态。

南北朝时期，武术器械的娱乐性表演项目有很多，如刀楯表演、马槊表演、刀剑表演等，还有一类武术器械项目为刀、剑、戟等的抛掷表演。这类表演的文献记述较多，如《宋书·黄回传》载：“（黄回）善舞刀楯，回常使十余人以水洒之，不能着。”

到唐代，随着丝绸之路的开通，中亚地区能歌善舞的文化艺术开始传入并与中原原有的舞蹈艺术相结合，使唐代的舞蹈艺术达到了前所未有的高峰。唐代舞蹈分为健舞和软舞，一般以为：健舞实际上就是武舞，至少其中大部分是武舞。唐代的健舞包括《棱大》《阿连》《柘枝》《胡旋》《胡腾》等，最著名的即是《剑器》。大诗人杜甫有一首著名的《观公孙大娘弟子舞剑器行并序》，杜诗及序谈到了李十二娘及其师公孙大娘均擅舞剑器，诗中生动逼真地描述了她们舞剑时的景况，并称誉公孙大娘的剑器为“初第一”。

南宋时期，随着经济的发展，社会中开始兴起以健身娱乐为主要目的的武艺社团，包括“角抵社”“相扑社”“锦标社”“弓弩社”“英略社”等社团组织。据载，这些武艺社团每社“不下百人”，成员因社团不同也有不同的擅长，如“射弓踏弩社”成员大都为武士，要求“能攀弓射弩，武艺精熟，射放娴习，方可入此社耳”。这些结社组织的活动较为广泛，有的在“瓦舍”“勾栏”“游棚”等处“作场相扑”“使棒作场”，有的则在庙台或教场等处活动。城市的武艺结社组织的活动以娱乐、表演为主，这与北方以御敌为主而组成的“弓箭社”等完全不同。

角抵、相扑与手搏

角抵是中国民间广为传播和长期发展的民族传统体育项目。秦代的角抵活动主要用于娱乐，不但在民间开展，而且进入了宫廷。《汉书·刑法志》载：“春秋之后，灭弱吞小，并为战国，稍增讲武之礼，以为戏乐，用相夸视，而秦更名为角抵。”秦代的角抵似乎只限于摔法，以角力为主，更多地用于娱乐和表演，因此在禁武的秦代，角抵不仅未被禁止，反而广泛流传开来。

汉初，角抵之戏曾一度被禁，到了汉武帝刘彻时，由于他的喜好与倡导，角抵又开始盛行。从史籍中可见，所谓角力、角抵、手搏、相扑、拍张等，既有联系又有区别。汉代史籍中亦有不少关于手搏的记载，且这时的角抵与手搏已相分离。汉代继承了春秋战国时期的格斗比赛，且更为盛行，除手搏与角抵外，还有斗剑、斗兽、剑对戟、剑对钺等。汉代画像石中就有许多表现攻防格斗的画面。东汉时期，包括杂技、角抵等文体技艺活动的“百戏”有了更大的发展，由于角抵在其中占有重要的位置，所以“百戏”又被称为“角抵戏”。三国时期，角抵又翻出新花样，出现了女子摔跤，并正式采用“相扑”之名。

隋唐五代的角抵除作为军事训练的一个重要项目外，也成为宫廷与民间的观赏和娱乐活动。隋炀帝极为喜好角抵。《隋书·炀帝纪》载：“大业六年（公元611年）春正月丁丑，角抵大戏于端门街，天下奇伎异艺毕集，终月而罢，帝数微服往观之。”唐代帝王中有不少人对角抵活动有着浓厚的兴趣，尤其是唐敬宗李湛，更是“游戏无度”“喜击球，好手搏”，并多次下诏招募角抵、相扑手。

五代十国的国君也有许多喜爱角抵者。《角力记》载：南唐的统治者李昪、李璟、李煜“皆好此戏”，李璟更是“深好此技”。五代十国沉迷于角抵的统治者中，最典型的当属后唐庄宗李存勖。李存勖不仅观赏角抵，而且亲身参与，并曾以州刺史的位置为赌注与人角抵。

隋唐时代的角抵比赛对抗十分激烈。据《隋书·李士谦传》记载：“其奴尝与乡人董震因醉角力，震扼其喉，毙于手下。”惨烈程度可见一斑。唐敬宗时观角抵，“有碎骨折臂者，至一更二更方罢”。就形式而言，隋唐五代时的角抵或相扑，大多指“两两相当”的个体性技击形式。基本可以分为两类：一是摔跤。角抵手们都袒裸上身，下身穿的短裤也比秦汉时期的窄狭，非常类似于古代日本相扑手的装束。二是散打。唐人周缄的《角抵赋》中云：“前冲后倣，无非有力之人；左攫右拿，尽是用拳之辈。”

隋、唐、五代时期民间角抵活动的开展也很普遍。《隋书·柳彧传》载：“京邑外州，每以正月望夜于塞陌聚戏朋游，鸣鼓聒天，燎炬照地。”五代时，每当春天草长莺飞的时节，就自发结成“社”，并招募勇壮组织比赛，“或赢者，社出物赏之，彩马拥之而去。观者如堵，巷无居人。从正月上元，至五月方罢。”由此可见，当时角抵比赛的规模之大和观众投入程度之高。这一时期的角抵，已成为节日期间举行的一项喜庆观赏活动。《酉阳杂俎》云："荆州百姓郝惟谅，性忿率，勇于私斗。武宗会昌二年（公元 842 年）寒食日，其徒游于郊外，蹴鞠、角力。"《角力记》亦载："文宗开成中寒食节，御勤政楼，观角抵。"《吴兴杂录》则记载：唐时"七月中元节"，也举行角力相扑活动。节日期间角抵活动的大量举行印证了角抵在唐代的兴盛和普及。唐代是一个开放的朝代，妇女具有较高的社会地位。唐代妇女的英姿经常出现在各种角抵活动当中，成为盛唐之音的又一亮点。以至于唐中央政府对妇女参加角抵活动颁布了禁令。

宋初时，调露子所著的《角力记》是目前有关角抵方面所能见到的第一部著作，历代公私书家均有收录，全书包括述旨、名目、考古、出处、杂说等几个部分的内容，分别对角抵活动的目的作用、名目衍变和历史等做了较全面的记述。《角力记》中还记载了这一时期的角抵名手，有"拳手亦高"、少有对手的王愚子父子，有勇力并有文才的石彦能，号称"河头相扑都知"的姚佶耳，身材高大、膂力过人的谢建，浙江"殊无敌者"的李青州等，使这些民间的角抵高手得以为后人所知，印证了角抵在当时流行一时的社会现实。由此可见，《角力记》不仅对技术方面进行了研究总结，还从民俗、社会、地理环境等各个影响因素来论述角抵的产生发展，为我们今天研究这一时期角抵的开展提供了第一手史料。

到宋代，角抵和相扑都有很好的发展，与宋同时存在的辽、金、西夏、蒙古四个民族建立的政权，其民众大多也喜欢角抵等活动。

武举制与武学

隋唐以前，武勇之材都是根据时势需要而进行召用或选拔，没有一定的规矩。军队是维护政权的基本力量，隋唐两代的统治者都出身于关陇军事贵族集团，尤其是唐朝更是经历了多年的统一战争而立国，深明军队和武备的重要性，十分重视武术人才的选拔和军事力量的组织训练。

为了使选拔武艺人才形成制度，唐代统治者开始实行武举制。唐代的武举制正式开始于武则天（624—705 年）的长安二年（702 年）。《新唐书》卷 44《选举志上》记载："武举，盖其起于武后之时。长安二年（702 年），始置武举。

其制，有长垛，马射，步射，平射，管射；又有马枪，翘关，负重，身材之选。”703 年，武则天下令，“天下诸州宜教人武艺，每年准明经、进士例申奏”。武举制的考试内容包括各类射技、马上用枪、力量、才貌、言语等各个方面，体现了冷兵器时代对军事人才基本素质的全面要求。

作为选拔军事人才而举办的一种考试制度，武举制的创立为唐代选拔了大批优秀的军事人才，如平定“安史之乱”的名将郭子仪即是通过武举选拔而得。更重要的是，武举制的创立与实施为武艺人才提供了晋升之阶，使武艺人才可以通过自身高超的技艺获取功名，从而推动了社会尚武之风的盛行。

唐代以后的各个历史时期都采用了武举制，不同时期武举制也有不同的变革。宋代的武举制，始于宋仁宗天圣七年（1029 年），至宋英宗赵曙时，才确立了三岁一贡举的制度，至南宋末，亦未尝更易。宋代的武举考试分为四个级别：笔试、解试、省试、殿试，每级考试的内容都分为武艺与程文两大部分，武艺常为弓步射、弓马射、弩踏、抡使刀枪器械等科目，而程文则包括“策问”与“墨义”。明代武举正式开始于明英宗天顺八年（1464 年），其考试程序为乡试、会试、殿试三级。考试的方法和宋代大体一致，只是策论、武技考试顺序和侧重点略有不同。明孝宗弘治以前，笔试策论不合格者不许参加骑射的考试。正德十四年（1519 年），武举考试方法发生了改变。考试顺序变为先武后文，且考生都可以应试终场。到明穆宗、明神宗时，议者尝言武科当以技勇为重。清代武举制基本沿袭了明末制度，在继承明代乡试、会试、殿试三个级别考试的基础上，效仿文科增加了“童试”环节，并且将明末成形的“殿试”进一步制度化。

武学作为武举制选拔培养人才的基础于宋代开始兴办。宋代武学开始于宋仁宗庆历三年（1043 年）五月，但历经 3 个月之后即废停，宋神宗熙宁五年（1072 年）复建。武学的教职最早称为“教授”，后改称“博士”“学谕”。武学教习内容，除研习兵法、操练弓马之外，还讲释“历代用兵成败，前代忠义之节”，所以“博士”“学谕”多以“一文一武”充当。宋代武学的开设，提高了习武人员的理论修养，促进了武艺与兵家谋略及阴阳家思想的结合，推动了武艺训练理论、战术思想的发展。明代武学的设立，始于明初。明惠帝建文元年（1399 年）二月，“始置京卫武学教授一人”，管理武学事宜。明英宗正统六年（1441 年）五月，复设两京武学，后又“命都司所应袭子弟年十岁以上者，提学官选送武学”。武学的考核亦相当严格。

传统社会中出于对战争的需要，武举制作为选拔武备人才的重要制度，成为中国科举制度的重要组成部分，但随着冷兵器时代的逝去和火器时代的来临，传统的武举考试以弓、马、刀、石为主的科考内容已不适用于现代军事和新的战争的需要。武举制最终只能无奈地退出历史舞台。“光绪二十七年（1901 年），卒以武科所习硬弓、刀、石、马步射无与兵事，废之。”至此，实行了一千多年的武举制度正式退出历史舞台，但武举制的施行为中国封建社会武艺人才的选拔奠定了制度基础，作为我国历史上重要的选拔制度，武举制对我国人才选拔制度的发展产生了重要的影响。

尚武之风与武术社会

汉承先秦尚武之风，民间多有好剑术者，被称为“剑客”。东汉时，豪强地主往往“养剑客以威黔首”。秦汉时，许多人自幼便开始学习剑术，如《史记·项羽本纪》载：“项籍少时，学书不成，去学剑，又不成。”《三国志·吴书·鲁肃传》云：“鲁肃体貌魁奇，少有壮节，好为奇计，天下将乱，乃学击剑骑射。”当时的文人学士也好剑术，如东方朔“十五学击剑”，司马相如“少时好读书，学击剑”等。汉代贵族及民间斗剑之风盛行，且有专门的剑术教师，有剑法专著，并已形成了剑法流派。

盛唐时代，中央政府与周边许多民族及邻国交通便捷，文化交流频繁，整个民族展现出一种蓬勃向上的社会风气，被称为“盛唐之风”。隋唐两代统治者自身都具有少数民族血统，对少数民族的尚武习俗十分推崇，少数民族的尚武习俗由此而为广大的汉民族所接受。唐帝国对外战争的需要也对尚武之风的盛行起到了重要的推动作用，当时的许多诗人都对此颇多慨叹：“宁为百夫长，胜作一书生”“儒生不及游侠人，白首下帷复何益”。从而突破了传统的“学而优则仕”的观念，而是通过练武习武、投笔从戎来实现自己的人生理想。

在整个社会尚武的同时，“侠”这一中国古代文化的理想人格模式也备受隋唐时代人们的推崇。《旧唐书》载，柴绍“幼矫捷有勇力，任侠闻于关中”；丘行恭“善骑射，勇敢绝伦”。《新唐书》说，李神通“少轻侠”。《旧唐书》载，刘弘基“少落魄，交通轻侠”。上述几人都是为唐王朝立下不世之勋的功臣，又同为游侠少年，可见唐代任侠风习之盛。在尚武任侠的风习中，唐王室可谓是身体力行，唐太宗李世民及其兄弟李建成、李元吉等，皆武艺超群，勇猛善战。尚武任侠的社会风习使唐代成为中国历史上武力强盛、文化兴旺的时代，对中古时期中国在世界范围内历史地位的确立产生了巨大的推动作用，使当时的唐帝国与阿拉伯帝国成为东西并立的两大强国。

两宋时期，民间产生了许多武艺结社组织，它们是与武术发展密切相关的一个新事物。这些结社组织的出现，充分利用了自然经济、宗法社会中血缘和村社的向心力很强的特点。其目标指向则是社会矛盾激化时反抗封建统治和民族矛盾激化时反抗北方游牧民族的入侵。宋仁宗景佑年间（1034—1037 年），河北等地“不逞之民，阴相朋结，号为棍子社，亦曰没命社”；宋神宗熙宁年间（1068—1077 年），山东历城、章丘有“聚党数十，横行村落间”的霸王社。北宋末至南宋初，中原各地乡村民众还组织了寓兵于农的抗金组织“忠义巡社”，经常聚集“置枪杖器甲”“教习武艺”。

结社组织的武术活动，具有较强的军事训练性质，即突出实用性，以刀枪等兵械军事技能训练为主。这对推动民间武术的发展发挥了作用。同时，这些结社组织也成为明清以后出现的规模巨大的白莲教、天地会的先声。

清代由于民族矛盾比较尖锐，秘密结社组织十分盛行，大致可分为会党组织、民间宗教组织和拳会组织。由于这些秘密结社组织大多因民族矛盾而产生，以反抗清政府为其目的；另外，结社组织之间也时常发生暴力冲突。所以，武术正好适应了他们武装和作战的需要。

清代最大的秘密结社组织天地会对武术的发展产生了重大影响。天地会组织遍布南方各省及长江流域一带，大批习武人士的加入带动了会内武术的盛行，而天地会的武术活动又反过来促进了民间武术的传播，甚至衍变出许多新的武术拳种，如闽、粤、川一带就有不少人受到天地会影响而创作出新的拳种。

少林武术的兴盛

佛教于东汉初年传入中国，并在之后迅速发展。由于传统社会中战乱仍旧频繁，尚武成为社会众多阶层生活的实际需要，寺院因为要保护自己的经济利益，也拥有一定的武装力量。嵩山少林寺建于北魏太和十九年（495 年），关于少林寺僧习武的传说，最早为慧光和僧稠，但研究者至今尚未取得一致认识。少林寺与武术有关的传说故事，较早的应为达摩面壁 9 年，传《易筋经》《洗髓经》，后世据此认为达摩为少林武功初祖。虽然这种说法后来经过考证被认为是子虚乌有，但其对后世却产生了很大的影响。少林僧人曾经参加了唐初唐太宗李世民与王世充的战争，参加战争的僧人都受到了李世民的封赏。

少林武术和武僧的显扬，很大程度上得益于少林僧兵参加明代中后期的抗倭战争。少林武僧在抗倭战场上大显神威，临战时，少林僧人“俱持铁棍，长七尺，重三十斤，运转便捷如竹杖，骁勇雄杰”，立下了赫赫战功，得到了明代皇帝的嘉奖，也得到了儒家士大夫主流舆论的褒扬。而且，明代的众多文士游历少林寺时留下了许多歌咏少林武术的诗赋文章。受益于这样的传播，少林寺才得以“寺以武显，武以寺名”。

明代少林武术以棍最为著称。有小夜叉六路、大夜叉六路，且均有棍谱、棍图及破法谱。此外，还有两人练习的排棍六路及穿梭棍一路。直到今天，少林寺仍以少林棍为“镇山绝技”。程冲斗高度推崇少林武术，自称“少林嫡传”，这时少林武术传往寺外；俞大猷授棍法给少林寺僧宗擎、普从，这时寺外武术传入少林寺。少林寺为中国武术的发展做出了贡献，但少林武术发达的基础是中国广大的军旅和民间武术。

明代后期，少林寺僧对武术技击由大多精研棍术转为大多精研拳术。明代少林武术棍先发达、拳后发达，与明代武术重视棍术有着紧密的逻辑关联。清代严禁民间习武，少林寺也不例外，少林武术的发展不再有明代时的规模。

少林武术作为中国武术发展史上重要的拳种，对于中国武术的发展产生了重要的影响，在中国武术发展史中占有重要的地位。

武术技术对传统文化的摄取

武术在长期的发展过程中受传统文化的影响十分深远，传统文化也滋养了武术的技术体系。中国古代，武术与气功的发展有着各自清晰的脉络，导引行气与习练拳棒各自分离，然而进入明、清时期，武术与气功发生了交融。达摩所著的《易筋经》，究竟是在明代还是在清代出现，学者尚有争议。但《易筋经》进入少林寺，被更多的拳种所接受作为其内功，显然是清代的事情。《易筋经》被纳入武术，是气功与武术结合的标志性事件。

习武与练气并行是在秘密宗教与拳会组织之间出现的，有的结社组织同时有练武的“武场”与练气的“文场”，习武、练气同时存在，难免有人二者皆练，长期就产生了交叉，武术与气功形成了密切的关系。乾隆年间，清水教首王伦“以教拳棒往来兖东诸邑，阴以白莲教诱人练气”；乾隆三十九年（1774 年），清水教头目张百禄教人“学习八卦拳，并授运气口诀”。同时，武术家们主动将气功引入武术，如甘凤池既善拳法，又善导引术；安徽和州江之桐“习武艺，手臂刀矛，皆务实用，变通成法，且读书，且习艺，读稍倦，则趯举翕张，以作其气，已而默坐，以凝其神，昼夜无间”；褚复堂则“精枪法”“善用气”；许子逊既擅“拳勇”，又能“默坐运气”；《苌氏武技书》有不少论气法的专篇，并提出了“练形以合外，练气以合内”，要求做到“神与气合，气与身合”。清代武术与气功的融合，是民间习武活动和气功活动普遍结合后的必然发展。武术自身习练形式多样化，则是武术在新时期发展的必然。武术和气功的结合日渐完善，它们的结合作用也日渐明显。

清代，出现了以传统哲学名词命名，并以其哲理阐发拳理的拳派。以太极学说立论的太极拳，以八卦学说立论的八卦掌，以五行学说立论的形意拳，相继崛起，轰动武坛。

据唐豪等考证，陈式太极拳创自明末清初河南温县陈家沟的陈王廷，但陈氏后裔何时采用“太极拳”名称，尚待进一步的考证。咸丰二年（1852 年），塾师武禹襄，自言得到一篇署名王宗岳者所著《太极拳论》，这篇文论开章明义即云：“太极者，无极而生，阴阳之母也。动之则分，静之则合。”这显然来自北宋周敦颐的《太极图说》。再往后，武禹襄、李亦畬又辗转传抄《太极拳论》，并益以己作，进一步阐释、宣示了太极哲学。此后，陈氏十六世孙陈鑫著《陈氏太极拳图说》，明言太极拳的命名是“理根太极，故名太极拳”。在陈式太极拳之后，又逐渐分出杨式、武式、吴式、孙式、和式等诸式太极拳。

同治初年（1862 年），河北文安人董海川在北京传出一种以绕圆走转为基本运动特征的拳术，此拳初名为“转掌”，后易名为“八卦转掌”，再后来则通称为“八卦掌”。八卦掌走圆圈要依照八卦的八个方位；以人体各部比诸八卦提出姿势要求；以基本八掌比诸八卦取象；借八卦的一套术数，来规范拳技的层次和系统；以“易理”来阐释拳理，并作为“八卦掌”的理论基础。

形意拳脱胎于明末清初人姬际可创编的心意六合拳。大约在咸丰六年（1856 年）以后，李飞羽始以“形意拳”命名这一拳术。“形意拳”依五行学说立论，以五拳配五行，并以五行的特征作为对拳法的要求，还借五行的生克之理，制成了相互衍生的“五行相生拳”与相互破解的“五行相克拳”。“形意拳”还依照五行脏腑学说，将五拳分别配五脏，讲述五拳与五脏的相互关系。

通过对传统文化的摄取，武术技术得到极大丰富，到明代中后期，基于不同理论的许多拳种的出现更是丰富了武术技术体系和文化体系，使武术在传统文化的滋养下更加繁荣。

中央国术馆

中央国术馆于 1927 年成立，原名国术研究馆，1928 年 6 月改为中央国术馆，馆址设于南京西华门头条巷，由张之江担任馆长。1929 年 2 月，国民政府通令各级行政机构遍设国术馆（社）。中央国术馆以提倡中国武术、增进全民健康为宗旨，主要负责研究中国武术与体育，教授中国武术与体育，编著关于国术及其他武术的图书，管理全国国术事宜。省、市国术馆经费由该级政府拨给，倘有临时用项，可以募集捐款；县国术馆经费由各县政府拨给，倘有临时用项，可以募集捐款。国术馆初设少林门和武当门，很快出现的门长之争暴露了分门体制的弊端。于是废除两门设置，改为一会三处的组织建制。在南京国民政府中央行政的推动下，在中央国术馆的努力下，全国各省、市几乎都成立了国术馆，从而形成了一个自上而下的国术馆系统，在全国掀起了一个武术浪潮，民众习武情绪空前高涨。中央国术馆还创办了《国术周刊》《中央国术旬刊》《国术统一月刊》等武术刊物，编辑出版了大量的武术论著和教材。

中央国术馆重要任务之一就是国术考试，这是传统武术真正意义上第一次由国家组织的具有现代意义的考试，也是传统武术现代竞赛体系最早的雏形。国术考试分国考、省（市）考、县考三级。国术考试规定了考试科目，技术科目包括搏击、摔跤、劈剑、刺枪和其他拳术或器械，还包括国文、算学、地理、历史、国术源流、生理卫生等文化科目的考试，考试方法分为预试和正试。国术考试还应遵循公平原则，采用西方现代体育的体重来进行分组测试，为现代武术竞技比赛的赛制规定奠定了最早的基础。国术考试的评判长由考试委员会聘请国术专家或教育专家担任；省（市）考试的评判长由省（市）考试委员会聘请国术专家或教育专家担任；县考的评判长由县考试委员会聘请国术专家或教育专家担任。1928 年与 1933 年，中央国术馆分别举办了两次“国术国考”，仿照旧时武科考试和近代体育竞赛制度，用以考评习武者技能学识、区别等次，这在一定程度上促进了竞技武术的发展。

在具体的竞赛体系设计中，中央国术馆贯彻现代体育的公平竞争的精神，对参赛者给予了相当程度的保护，使武术赛事尽量避免了传统武术比试中的伤亡现象而成为科学化、现代化的赛事。搏击比赛对判定胜负的标准做出了详细的规定，与传统武术竞赛不同，中央国术馆的国术考试不再以伤亡作为判断胜负的标准，而将得点多少作为胜负的判断标准，并对得点做出了具体的规定。与西方体育类似，比赛对搏击的犯规也做出了相应的规定。

中央国术馆还对武术教育进行了初步尝试，学员的各科课业除军事教练、弓箭学、文化课之外，就男生而言，还分单人演练、双人或多人对抗两大类。

由于各种原因，1948 年中央国术馆宣布解散。中央国术馆的建立是政府主导的政治行为，中央国术馆关于国术发展的诸多规定成为中国武术现代化进程中至关重要的内容，也是中国武术现代竞赛体系和技术体系构建的基石，更是中国武术现代技术研究的起点。

历史上的中外武术交流

不同历史时期，中华文明在世界范围内都产生过重大的影响。武术作为中华文明在身体文化层面的结晶，对世界其他国家，尤其是东亚、东南亚各国产生过重要的影响。据资料显示，中国的刀剑以及刀剑之术在汉代已经传往日本。

辉煌灿烂的唐帝国对日本有着深远的文化影响，相扑就是其中之一。相扑如今是日本国的传统体育活动，被誉为大和民族的“国技”。但在探寻其历史起源时，无疑具有深深的中国古代相扑文化的印痕，“相扑”一词显然来自中国。中国相扑何时传入日本，尽管尚有诸说（如汉代传入说、两晋传入说等），但据史料分析，唐代传入的证据更充分。

唐代，中日两国的文化交流进入了一个新阶段。当时，日本政府连续派遣了大批人员（遣唐使）来华学习中国文化，并极力加以汲取和模仿。在多次庞大的使团成员中，除了一些学者、官员外，还有不少是前来学习百工诸艺的技艺人员，这就是中国相扑当时得以东渐的基本历史条件。尽管目前尚无直接的文字记载，但如将日本古代相扑资料与唐代相扑情况进行比较研究的话，还是不难从中寻得某些历史线索。

第一，裸袒是唐代相扑的一个基本特点，而我们所看到的日本古代相扑图都是赤裸的。我们从现存的唐代相扑图可以看出，当时相扑手下身所穿的短裤与日本古代相扑手所穿的“褌”十分相似。

第二，唐代官方相扑竞技时，“左右军槌大鼓”以制造竞技的气氛，这在日本古代的相扑竞技中也有反映：在日本宫内进行相扑时，左右各立有五面大鼓。

第三，唐代已有管理相扑活动的机构——左右军。与之相似，日本古代宫内也有专门的相扑司来管理其相扑活动。与唐代的左右军类似，相扑司分左右两府，以左府领为左方，以右府领为右方。似乎也可发现日本受中国影响的一些痕迹。

另外，日本史料记载也为“唐代传入说”提供了佐证。日本古代“至圣武天皇时，国富民荣，世代丰祚，而相扑盛起”。日本的圣武天皇时期（725—749年），正是中国的开元盛世。还有一条日本史料记载：“可见于相扑节之史者，至圣武天皇之天平六年及十年，自恒武天皇延历十二年始（782—805年），每年成为恒例。”中国古代相扑的东渐，实际上是唐代中日文化交流的一个成果。东渐后的相扑在长期的发展过程中，与大和民族自身的文化融合，从而滋养出了具有日本民族特色的传统体育。

中日武术交流在明代达到了高峰。日本刀和日本刀法为中国军事家、武术家称道，并引入中国；空手道、柔道等也在这一时期传入日本。明代时，日本刀因质地精良而颇负盛名，“锻炼精坚，制度经利”“且善磨整，光耀夺目，令人寒心”，日本刀在中国军人中极受欢迎。日本刀法也因技法高超而引起了中国武术家的重视。程冲斗介绍日本刀法是：“左右跳跃，奇诈诡秘，人莫能测，故长技每每常败于刀”；何良臣谈到日本刀时认为：“日本刀不过三两下，往往人不能御，则用刀之巧可知耳”；戚继光则说：倭人善跃，日本刀长，“我兵短器难接，长器不捷，遭之者身多两断”。明代的武术家将日本刀与日本刀法纳入自己的武术体系中。戚继光、程冲斗的著作中所列刀与刀法，都有对日本刀和日本刀法的总结。

明代，中国武术则对日本武技产生了更加深远的影响。明末，陈元赟随明代遗臣朱舜水东渡日本。陈元赟文武兼备，除在日本倡导性灵学派诗风，对日本诗文影响很大以外，还将拳法传给三浦屿次右卫门、矶欠次左卫门、副野七郎右卫门等人，这三人在陈元赟所传拳法的基础上总结创造出了柔术，他们是柔道的鼻祖。

思考题：

1. 简述武术的起源。
2. 简述先秦时期武术的发展过程。
3. 如何理解民族融合与重视武备对武术发展有重要的影响？
4. 简述武术娱乐化的发展过程。
5. 简述角抵在我国古代社会的发展历程。
6. 简要介绍武举制。
7. 谈谈你所理解的“尚武之风”。
8. 为什么说少林武术对于中国武术的发展产生了重要的影响？
9. 请举例谈谈武术技术与中国传统文化的融合。
10. 简述“中华新武术”的重要意义。
11. 中央国术馆在中国武术现代化进程中发挥了怎样的作用？
12. 简述中外武术交流的发展历程。

第五讲

武术文化

文化是各民族精神层面的结晶，作为文化的武术，首先体现的是其独具特色的民族特性，这一特性既是武术的身份所系，也是武术的本质所在。对于有着几千年发展历程的武术而言，无论其价值形态和存在形态有过怎样的变化，也无论其历史发展进程中经历过怎样的演变，其始终是作为一种文化形态而存在的。武术是中国文化的重要组成部分，在长期的历史进程中形成了十分庞杂繁复的文化系统。沧海桑田，不同时代赋予了武术不同的内涵，不同时期武术扮演着不同的社会角色。在漫长的发展道路中，武术的本质特征、技击思维、指导思想、肢体行为方式、发展模式都深受中国传统文化的影响。武术文化体系是历史发展的结果，同时也是与现代文化体系冲突融合的结果。因此，武术文化不仅是中国传统文化的重要载体和文化表达，也是现代文化的重要表征。作为一个庞大的文化体系，武术文化在当代社会发展进程中熠熠生辉，呈现出独特的文化色彩，对武术文化的全面认知成为当代文化发展的历史使命。

武术文化的定义

自古以来，中华民族就对有关“文化”的概念有了深入的理解和精辟的论述。《周易》的《贲卦·彖传》中有“观乎天文以察时变，观乎人文以化成天下”之说。这是有关于文化最早的表述，也是对文化的经典解读，尽管在此论述中“文化”还不是一个完整的语汇表达，但已充分说明了“文”“化”两字的大致意义和“文化”一词的基本含义。在上述论述中，“天文”指天道自然规律，“人文”指人伦秩序，以人文“化成天下”就是使自然世界变成人文世界。我国最早将“文化”

二字连词使用出于西汉时期刘向所著《说苑·指武》，其中有："圣人之治天下也，先文德而后武力。凡武之兴为不服也，文化不改，然后加诛。"这里的"文化"指文治为法，以礼乐典章制度为依据而教化臣民，与"文化"之词的当代理解十分接近。其后，梁朝时期萧统所著的《文选补亡诗》中也有"文化内辑，武功外悠"之说。由此可见，在中国先贤哲人视野中文化的内涵注重的是文治修远、人伦教化，与武力征伐相对。

与"文化"相对应，英语中的文化为"culture"，该词源于拉丁语，原意是人类为满足生存的需要而对土地的耕作，强调的是人征服自然、改造自然的过程。由此可见，"文化"一词在西方文化中具有双重含义：一方面，文化是指人对土地的耕作，是外在自然的人化；另一方面，通过教育使人成为社会所需要的人，是内在自然的人化。文化的本质意蕴是"人类化""自然的人化"，是人的价值观念在社会实践中对象化的过程与结果，包括外在文化产品的创制和内在主体心智的塑造。因此，从词源学角度理解武术文化，应当从"谁的价值观念""什么价值观念""什么社会实践活动"三个层面入手。

第一，武术文化的价值观念源于中华民族。武术作为中华民族智慧的结晶，既是中华民族五千年文明史的见证，也是炎黄子孙贡献给世界的文化瑰宝。因此，在武术现代化的进程中，"武术既是属于中华民族的，也是属于世界的"基本思路应当贯穿始终。

第二，武术文化价值观念的宗旨为"天人合一"。"天人合一"是中国哲学的一个基本观点，它充分体现了中华民族的文化特色和思维模式。相对于西方而言，中国文化是一种高度重视审美与生命的文化。作为中国文化精华之代表的武术，其着眼点也在于此。武术具备"强筋健骨的健身价值、防身制敌的攻防价值、技击美与技艺美融合的审美价值、培育中华精神的教育价值"，充分说明武术运动不仅仅是一种运动，更是完善人生、认识世界的一种重要手段，这些都是对"天人合一"思想的践行。

第三，武术运动的社会实践主要指以其为核心的相关物质、制度、精神的创造与再生产。从广义而言，武术文化与其上位概念"文化"一样，包含的范围和内容都十分庞杂，既有属于武术本体的基本运动形式，也有与武术运动开展相关的武术器材服装、武术道德礼仪制度、武术方面小说和影视等多方面内容。因此，武术文化作为中国传统文化中相对独立的文化体系，涵盖了文化之物质、制度、精神等方方面面的相关内容。武术文化的社会实践活动正是上述各个方面共同参与、共同发展的实践过程与结果。

基于以上的基本论述，武术文化可以定义为：以武术攻防为核心内容而形成的具有相对独立的武术技术体系、武术理论与知识体系、武术制度与习俗体系的总和。在此需要指出的是，武术技术体系与武术理论与知识体系内含有武术健身体系与武术教育体系。因此，武术文化也是人们对武术技术、武术理论与知识、武术制度与习俗的社会实践过程和结果。

武术文化的结构

就文化结构理论而言，目前存在多种学说，“有物质文化与精神文化二分说，物质、制度、精神三层次说，物质、制度、风俗习惯、思想与价值四层次说……”在文化三层次学说中，物质文化是满足人类生活和生存需要所创造的物质产品及其所表现的文化，具有物质性、基础性和时代性的特点。制度文化亦称社会文化，它反映了个人与他人、个体与群体之间的关系。这种关系表现为各种各样的制度及实施这些制度的组织机构。精神文化是人类在社会实践和意识活动中长期育化出来的价值观念、思维方式、道德情操、审美趣味、宗教感情、民族性格等。精神文化是人类在改造自然和社会的过程中的思维活动和精神活动，是文化整体的核心部分，包括文化心理和社会意识形态。事实上，文化的三个层次是相互联系的，有时难以分辨，其划分的目的是便于研究与分析。

依据文化的三层次学说原理，针对武术文化的具体内容以及相关实践活动，武术文化可分为以下三个层次。

一、武术文化的运动与物质层

武术的运动形式主要包括套路、格斗和功法三种。其中武术套路借鉴于艺术的表演形式，武术格斗运动则经历了蛮斗、巧斗、艺斗三个发展阶段，武术功法锻炼形式则得益于中国传统导引养生术和杂技的技巧技法。徒手和握持兵械的动作为武术运动形式的基本单位，是整个武术文化体系结构的核心所在；同时，由于武术动作源自攻防格斗动作的积累与总结，攻防特点成为武术运动的基本特点，所以，我们可以将武术的三种运动形式作为武术的基本组成。武术的三种基本运动形式由此成为武术文化的主体，由于其独有的文化特质属于非物质文化遗产的范畴。与上述三种运动形式相对应的武术文化物质层主要包括围绕武术运动而构成的相关武术器械、服饰、场地等物质产品，是武术运动文化体系的附属物及衍生品。

二、武术文化的制度与习俗层

“制度与习俗层”是相对隐形的中间层，它指在武术文化的实践过程中，围绕武术而形成的一种处理人与人、人与社会之间关系的社会规范、社会制度、社会风俗与习惯的集合。武术制度与习俗层主要包括武术组织、武德规范、武术礼仪、武术传承习俗等。

三、武术文化的思维与意识层

武术文化的深层是武术文化的思维与意识层，是围绕武术而展开的庞大而又复杂的思维活动、意识过程。它的实践活动结果直接决定并影响了武术文化的制度与习俗层和武术文化的运动与物质层的存在方式和发展变化。武术文化的思维与意识层主要包括武术思维方式、武术价值观念、武术意识等。武术的本初意识是一种以自我为中心、以抗争为特点、以力量为手段的意识，强调力量、抗争、战胜对手。在中国传统文化价值取向、“天人合一”的整体和谐观念和对立统一的阴阳辩证观念共同影响下，武术本初意识经过长时间的发展演进，逐步成为文武融合统一的武术意识。武术意识是对武术本初意识的超越，体现了道德与力量统一、和谐与对抗统一等中国传统文化特色。

武术与中国传统哲学

中国传统哲学是对中国人的世界观和方法论的总结，既是对各种通过实践而形成的具体理论的综合，又指导着中国人的生产生活实践，成为中国传统文化的核心。武术植根于中国传统文化，本身就具有朴素的辩证哲理基础，在其发展完善的过程中，又不断从中国传统哲学中吸取和借鉴中国哲学原理和用语，使武术理论和技法体现出浓厚的中国传统哲学色彩，促进了中国武术哲学的形成。作为

“研讨宇宙人生之究竟原理及认识此种原理的方法之学问”的哲学，“从其内容来看，可以约略分为宇宙论或天道论、人生论或人道论、致知论或方法论、修养论、政治论五部分。其中，宇宙论、人生论、致知论三部分为其主干；总此三部分，正相当于西洋所谓哲学”。而“修养论与政治论可以说是特殊哲学，不在一般哲学范围之内”。哲学五论之宇宙论中的道论、太极阴阳论、气论，人生论中的“天人合一”论、人性论、人生理想论、人生问题论，致知论中的知论和方法论以及修养论中的“三纲领”（明明德、亲民、止于至善）、“八条目”（格物、致知、诚意、正心、修身、齐家、治国、平天下）等均对武术的修习具有重要的指导作用。

中国传统哲学是从中国人看待和处理天人、道器、人际、知行、价值等问题的传统思想观念中归纳出来的一门学问，它既源于通过各种实践而形成的各门具体理论，又反过来指导人们的实践和各门具体理论，成为中国传统文化的核心。

“天人合一”的思想是中国传统文化的根基。对于“天人合一”，孟子认为：“尽其心者，知其性也。知其性，则知天矣。”董仲舒认为：“天亦有喜怒之气，哀乐之心，与人相副，以类合之，天人一也。”“天人合一”的观点对武术的发展有着深远的影响。在武术习练过程中，人们注重人与自然的交汇，达于物我两忘的境界，在技艺修炼的同时着重于个人人格的培养。

中国传统的农耕社会使中国人在长期发展中形成了注重节制、追求和谐的文化性格。传统儒家文化将人际关系的和谐放在首要位置。“礼之用，和为贵”。“君子慎其独也。喜怒哀乐之未发，谓之中；发而皆中节，谓之和。”正是因于国人对和的追求，和成为传统文化的核心理念。在和的思想指引下，“中庸”与“中和”的人生价值基本原则与人格施救成为中国人的道德追求和人生的理想境界。和与中直接影响了武术的文化品格，使和谐成为武术发展中的重要理念。武术作为一种搏杀术，在其精湛的技术要求之外，更有着对道德的追求，对习武者的道德要求成为必须具备的条件。这就使得武术在搏杀之外有了道德的约束，不再只是一项技术，而成为复合的文化体系。

除了儒家文化之外，道家思想作为重要的思想体系对传统文化的发展产生了重要的影响。在某些层面，道家思想更与儒家思想形成某种对应，如与儒家的中庸思想相类似，道家所提倡的守雌、处下、不争、无为的中道观直接影响着武术文化品格的养成。太极拳、形意拳都主张后发先至，不主动进行攻击，都体现了不争的思想理念。

同时，多种思想体系的交融使中国传统文化早期就具有了法制的观念。“儒以文乱法，侠以武犯禁”，先秦时期著名思想家韩非对“武”这一论断具有重要的社会意义。“知和而和，不以礼节之，亦不可行也”。儒家文化在对和的追求的同时，也提出必须以“礼”来管理，所以，武术的发展必须在一定的社会规则内进行，武术的传播者们也应遵守将社会规则作为考量传人的主要因素。

武术文化的核心就是中国传统的哲学理念，即是中国传统哲学的身体外在表达。所以，武术文化的文化个性是中国传统哲学的核心价值所系。

武术与中医

冷兵器时代，武术是战场征杀的重要技能。但随着社会的进步、生产力的发展，武术在战争中的作用逐渐降低，而武术的健身、修身功能逐渐凸显。正是在这个转化过程中，中国传统医学的阴阳五行学说、藏象学说、气血学说、经络学说、养生学说等逐渐被武术家借鉴和运用到武术习练过程中，进而形成了独具中华民族特色的武术内功、武术养生、武术伤科等门类，进一步扩展、丰富和完善了武术理论体系。因此，武术便有了“拳起于易，理成于医”之说法。

一、制敌格斗与跌打损伤疗法

跌打损伤疗法古属中医伤科，后属骨科、伤科，是在人类格斗活动中产生的，受格斗推动发展。古代武术以防身制敌为主要功能，训练离不了搏斗形式，得艺后试敌运用，也皆以格斗发挥技能。在格斗中难免伤害一方或两败俱伤。拳家强调要研究药功，以便自救和救人。历代拳家正是在这种思想指导下密研跌打损伤疗法，出现了“跌打损伤诸方，从古为技击家所秘，世传盖鲜”的情况。拳家治疗跌打损伤，除了采用中医的方法外，还有自己的独特疗法。

二、点穴击要与经络穴位

武术技法十分讲究点穴位打要害，追求迅速，以小力击败大力，控制对手。实战中击中某一特定部位使对手丧失战斗力、伤残或休克例证的积累，成为点穴要术实践的初起。同时，武术拳家采用传统医家的针灸铜人作为认识穴位的基本教材，并将这些穴位作为练点穴指功的靶位，在经络学说理论的基础上提出了经络点穴法。因此，我们完全可以说，拳家点穴法是在技击过程中自发出现的，通过逐步总结，并借助于传统中医的知识体系而在实践中日趋完备，最终成为具有中国特色的武术技击手段和方法。

三、擒拿法与人体结构

擒拿法是武术基本技法的一类，包括使对方关节超出活动限度的拿骨法、抓拿对方筋肉空隙的拿筋法和捏拿对方穴位的拿穴法。历代拳家在习练和运用擒拿法的实践中，逐步积累和传承着认识人体结构的知识。在中国古代，由于受认识束缚，解剖尸体虽早有记载，但几乎没有以解剖运动器官来认识其功能的事例。因此，可以说擒拿法传习者对人体结构的认识，丰富了中医识骨、认筋、辨穴的知识。

四、武术健身与中医摄生法

习武能掌握攻防格斗技能，也能强健体魄，并以强健的体魄作为发挥攻防技能的基础。因此，历代拳家都重视总结和积累习武健身经验，同时积极借鉴中医摄生的理论和方法，逐步形成了包括武术健身理论、健身功法和拳术，以及佐功药剂等“武术健身术”。

武术健身术以“壮内强外”为目的。这种整体健身观是由武术“内外互导”“内练精气神，外练筋骨皮”的训练原理和“内外合一”的技法原理决定的。这种整体健身观与中医摄生的整体观一致。中医理论中顺其自然、适应四时气候、回避外邪侵袭的“天人相应”整体观，以及体内脏器与体表四肢相符的“藏象”整体观，都直接为武术健身整体观的形成提供了借鉴。武术健身理论中关于“择天时、地利、气候，方向而练之”的论述，以及“避风如避箭，避色如避仇”之类的拳谚，都是在中医摄生理论的影响下逐步形成与完善的。

武术健身功法和健身拳术仍然以攻防动作为基本素材，只是动作结构、编排、练法不再以技击效用为最高目的，而是以它对练习者自身的影响为依据，追求强健体魄的效果。

武术与中国古代兵学

“国之大事，在祀与戎”。中华文明是世界文明进程中唯一一个不曾中断发展历史的文明体系，战争在中华大地上此起彼伏，军事战略思想和战术思想的研究也有着悠久的历史，并形成了中国特色的军事思想体系。《孙子兵法》被西方誉为“兵家圣典”“世界古代第一兵书”。武术在传统社会中以技击作为主要表现形式，兵法因其理论的高度概括而为习武者提供了方法论的参考。兵家关于培养作战勇气、掌握战争主动权、因敌制胜等战略战术理念，对武术技击战术体系的形成与发展产生了深远的影响。

讲究谋略、以取胜为宗旨的兵学与以技击动作为主要素材的武术有着密不可分的关系，其对武术的影响是通过对武术技战术思想的影响而为习武者经验之建构提供方法论的参考。武术与兵家的理性架构，均是复合的正出而奇用。兵家有关培养作战勇气、掌握对抗主动权、因敌而制胜等思想方法，对于武术技理、技法以及战术体系的建构产生了积极而深刻的影响。

一、兵法理论与武术基本技术技法

《孙子兵法》反复强调要先使自己立于不败之地，以不被敌人击败为先决条件，再等待和创造战机，攻击敌人。这种思想明显地反映在武术格斗的基本姿势上，各拳派的徒手格斗基本姿势都首先重视保护自己，要求既有利于保护自己，又有利于击敌。击敌的姿势既要有利于保护自己，也能在击敌后迅速恢复成有利于保护自己的基本姿势。这也成为武术基本技术训练的起点，从而为武术实战奠定了基本的技术基础。

二、兵法战略原则与武术打法

在武术发展进程中，武术技术技理的发展融入了大量的兵法战略原则。少林拳和短打拳术都体现了“主于搏人”的典型技击特点。这些拳术的动作刚硬有力、迅猛快速，讲究以大力打小力，以手快打手慢，硬攻直取，硬打硬取，以迅雷之势，先发制人。与中国传统战略思想中的主动进攻如出一辙。《庄子·说剑》所提出的“夫为剑者，示之以虚，开之以利，后之以发，先之以至”的剑术理论；太极拳动作圆和柔缓，劲意隐于内，追求小力打大力，后发制人，对搏时讲求的“舍己从人”，不与人顶抗，当对方出现背势、失势时才乘势借力，都体现了防守反击的重要特点，体现了中华民族传统文化追求和平但积极应对侵略的战略方针。

三、兵法“诡道”与武术打法

战略上的追求和平与战术上的积极主动是中国传统兵法的重要表征。《孙子兵法·计篇》指出：“兵者，诡道也。”将兵法说成诡诈之术，认为“示形”（用假象）迷惑敌人，使敌人上当疏懈，被我“攻其不备，出其不意”地击溃，就是诡道；或者说它就是在“诡道”指导下的格斗。例如，通背拳以引、诱、诓、诈四字列技击字诀之首，强调“举手不离引诱诓诈”。各拳派和现代散打运动中，讲究“指上打下”“声东击西”“发头手，打二手”“佯攻巧打”等以假动作诓骗对手，趁其上当，而出实招攻击对手的打法，是兵法所谓“致人而不致于人”“后人发，先人至”在武术技击中的运用，体现了兵法理论对武术技击的深远影响。

总之，由于中国古代的战争而产生发展起来的兵法体系深刻影响了武术技术体系的发展。古代兵家的兵法理论不但促进了武术攻防技术的产生和发展，而且促进了武术技击理论的形成和发展，从而推动了武术技击理论体系的发展与成熟。

武术与中国传统美学

美是人类社会最为基本的追求之一，也是人类文明进程的高级追求。作为中华文明重要的文化组成部分，武术从其产生开始就有着对美的无限追求，早期武术发展进程中武舞等表演形式的出现本身就体现了武术对美的追求。从哲学角度而言，美学是以美感经验为中心，研究美和艺术的学科。中国美学的“深层意蕴都体现着对于现世人生的关注、执着，并努力为现世人生寻找安身立命之所，探求人的诗性栖居的可能性途径”。“中国古代美学审美观念的确立是以‘人’为中心……具有极为鲜明和突出的重视人生并落实于人生的特点……其基本特征体现为体验性”。因此，武术作为保存、保养和体会生命的一种手段和方法，与中国传统美学有着天然的契合关系，它融技击性、养生性、艺术性于一体，并以独具特色的各类武术套路运动彰显出对技击动作的审美艺术追求。武术套路动作的超越真实性与本真格斗产生了距离，进而勾画出一种虚拟的格斗意境，将技击推入理想化王国。在武术套路运动实践过程中，武术人追求的内在含蓄和谐、气韵生动的意境美等与中国古典美学中的“气”“韵”“意”“神”等独具特色的审美思想一脉相承，表现出浓郁的、具有东方文化色彩的审美文化。

武术运动能使人获得美的感受，在某种程度上满足了人们的审美需要和享受。这种审美价值，产生于技艺美和技击美融合而成的武术美。

武术首先是作为一项基本的身体活动技能而存在的，技艺美作为充分发挥人体运动能力表现出的武术姿势规格美和运动规律美就成为武术外在美的根本。动作符合规格标准和运动规律的程度越高，技艺美的程度也就越高。在武术套路运动中，还通过传神、比兴、夸张等艺术手法来加强武术姿势规格美和运动规律美的表现力和感染力，使武术技艺美具有更高的审美价值。早在汉代，人们已把武术的技艺美和歌舞音乐的艺术美相提并论。东汉班固所著的《汉书》中记载，汉哀帝“雅性不好声色，时览卞射武戏”。汉末魏初人苏林对此注释为：“手搏为卞，角力为武戏也。”由于观赏武术表演被视为一种高雅的审美娱乐活动，宋代军中出现了程式化的武术表演。至明代，“左右周旋，满片花草”“徒支虚架以图人前美观”“只图取欢于人”的花法武艺，更受人们喜爱，乃至入伍当兵者，也好学练民间花法武艺。这些都说明武术技艺美有着较高的审美价值。

在传统社会中，技击曾经是武术最根本的功能，技击美以人们对武术攻防功力的认识为基础，通过实战格斗动作的攻防实效、套路演练动作的攻防含义表现出来。武术格斗运动除其格斗时所体现的技艺美之外，双方竞技过程中表现出的勇敢、力量、合理的攻防招法以及健壮的体魄可以使观赏者获得更多的美的体验，观众为竞技者的杰出表现而欢呼雀跃，被竞技者强健的体能和卓越的技能所征服。技击美带给观众的感受是全方位的，使他们在感受武术之美的同时，感受到人生的成功之美，得到武术技击的视觉感受和心理感受的巅峰体验。古籍中记载有许多上至帝王、下及庶民喜好观赏武术格斗运动的事迹。如《庄子·说剑》中记载：战国时，“昔赵文王喜剑，剑士夹门而客三千余人，日夜相击于前，死伤者岁百余人。好之不厌。”据《汉书·武帝纪》记载：“（元封）三年（公元前 108 年）春，作角抵戏，三百里内皆来观。”展示了不同阶层的人们对武术格斗运动的观赏兴趣，表明武术的技击自古就有着较高的审美价值。

人们从技艺美和技击美的不同层面实现了对武术美的全面认识，并在此基础上深化对武术美的追求，增强对武术审美价值的利用，从而全面促进了习武者对武术美追求的程度，最终推动武术不再只是军事技术的附着，而成为一项现代的具有重要审美意义的体育运动项目。而且，随着武术运动体育化进程的完成，武术自身含有的那些能激起观赏美感的审美因素被逐步固定并突显出来，从而推动武术的技击美和技艺美融为一体，其审美价值在当代社会发展进程中得到了更为全面的体现。正是在上述的文化形态演变过程中，武术的各种美得以充分体现，人们通过观赏武术表演可以从形神兼备、以形传神的演练中感受到武术的神韵美；从立身中正、三尖相照、六合相应的姿势中感受到武术的和谐美；从动静相间、刚柔相济等“反向相求”的技法中感受到对比美；从在运动中求平衡、在平衡时求运动的运动中感受到动态平衡美；还能从武术格斗中感受到健力美、自强美；从以巧打拙、以小力打大力的技巧中感受到武术的技巧美；从“舍己从人”“非遇甚困则不发”“点到为止”等武术的基本道德诉求中感受到武术的道德美。武术欣赏者由此全面提升了对武术美的感受，使欣赏个体的审美需求通过对武术表演的观赏获得了某种满足，进而达到娱乐身心的目的。武术欣赏者通过对表演的观赏还可以诱发和提高审美情趣，并在比赛中激发积极求胜的斗志，从而达到陶冶情操、培养意志品质的目的。因此，美的武术就不再局限于简单的对美的观赏和追求，观赏和习练武术成为人们追求和实现美好生活的重要途径。

思考题：

1. 武术文化的定义是什么？
2. 简述武术文化的结构。
3. 如何理解中国传统哲学影响着武术文化个性的养成？
4. 中医对武术健身的影响主要体现在哪些方面？
5. 中国古代兵学对武术技战术体系的影响主要体现在哪些方面？
6. 谈谈你对武术文化中审美取向的理解。

第六讲
武术拳种

武术拳种作为武术运动形式的主要载体，在中国特有的地理环境和传统文化影响之下，形成了独特的攻防格斗理论和丰富的攻防格斗技术表现形式，正因如此，武术文化具有浓郁的东方特色，武术运动有别于世界上任何一种攻防格斗技术。武术拳种内容丰富，在20世纪80年代开展的武术挖掘整理工作中，初步查明流传于全国各地“源流有序、拳理明晰、风格独特、自成体系”的武术拳种有129个。可以说，武术拳种是武术文化中非常重要的一环。本讲将从历史上武术拳种的演变情况讲起，为大家揭示武术拳种的东方特色，带领大家领略武术拳种的风采。

武术拳种概述

武术拳种是指具有完整的理论与技术体系和清晰传承关系的武术门类。随着历史的推进，拳种的内容也在不断丰富，每一个时代的武术拳种都是当时社会发展需求的体现。

伴随火器时代的到来，作为军事技能的武术逐渐退出了军事舞台，开始转向民间发展，武术进入大发展时期，武术拳种流派开始形成体系，并不断成熟起来，其显著标志就是明清时期有关武术的书籍大量涌现。明代著名武术家、军事家戚继光（1528—1588年）在其《纪效新书》中对传统各拳家特点给予了说明：“古今拳家，宋太祖有三十二势长拳，又有六步拳、猴拳、囮拳，名势各有所称，而实大同小异。至今之温家七十二行拳、三十六合锁、二十四弃探马、八闪番、十二短，此亦善之善者也。吕红八下虽刚，未及绵张短打。山东李半天之腿，鹰爪王之拿，千跌张之跌，张伯敬之打，少林寺之棍与青田棍法相兼，杨氏枪法与巴子拳棍，皆今之有名者。”清代徐珂在其著作《清稗类钞·技勇类》中列举了62种拳术技艺，具体有：“少林拳、太祖拳、通臂拳、大红拳、小红拳、二郎拳、路行拳、梅花拳、罗汉拳、地堂拳、关西拳、万古手、黄英手、三十看对手、打掌、谭腿、头进、六家势、廿四势（二十四势）、双实练、十八滚、短打、燕青、飞架、三步架、醉刘唐、双插子、双戟、三套子，大刀、单刀、少林单刀、少林双刀、春秋刀、梅花双刀、小提刀、连环刀、连环双刀、八卦刀、空手进刀、单刀花枪、单刀进枪、花枪大刀、花枪、对枪、金枪、川少枪、罗汉枪、刺膝枪、赤剑、虎头剑、八卦剑、八卦七星剑、少林棍、三节棍、棍进三节棍、空手进三节棍、双拐进三节棍、行钩、梅花虎头钩、软鞭、峨眉针。”

中华人民共和国成立后，武术拳种的发掘整理工作得到了国家的大力倡导与推动，在1953年11月8日—12日举办的“1953年全国民族形式体育表演及竞赛大会”上共有74种不同名目的单练徒手套路，以及醉汉擒猴、八仙斗白猿、猴拳对打、擒拿对打、太极推手、对拳、团体拳等对练和集体拳项目被列为竞赛交流项目。据1956年的资料记载，散在全国各地的武术运动项目约有199项，而属于少林拳类的有130项；器械技术约有400多项，而使用刀、枪、棍、剑四种器械的约有283项。其后，国家对武术的发展给予了高度重视，并于1982年12月召开了第一次全国武术工作会议，并以“献拳经拳谱、献兵器实物、献功法技艺”为核心内容在全国先后展开了规模宏大的武术遗产挖掘整理工作。经过3年的武术挖掘整理工作，并按照全国武术专家论证确定的“源流有序”“风格独特”“拳理明晰”“自成体系”的评定标准，初步查明有129个拳种。

武术门派

武术门派是武术拳种、流派的总称。

拳种纷纭、流派林立、异彩纷呈，是中国武术一道特殊而绚丽的风景线。许多拳种又衍生出不同的流派，如少林有南、北之分，太极包括陈式、杨式、武式、吴式、孙式、和式等诸多流派，而螳螂拳又分为七星、六合与梅花。

门派不仅是武术技术体系的代表，还特指技术的传承者。门派的形成与“宗法制度”密切相关，同时也是封闭文化环境的产物。门派之内，师徒如父子，代代相传；门派之间，各自独立，并行发展。传统武术依靠门派来整合习武人员，形成武术群体。门派的存在既有利于深入探讨和传承拳种、流派的技术和理论，又发挥了对门派弟子的约束功能；但门派的封闭性与排他性制约了门派与社会以及门派之间的交流，易滋生“门户之见”和“宗派主义”。中央国术馆成立之初设有少林、武当两门，但未出三个月，便酿成了两门门长、科长双双比武相搏的事件，门派之争的弊端可见一斑。

门派是学习和传播武术的有效载体。武术习练者接触传统武术是由具体的拳种开始的，在学习拳种技术的同时，自然会了解门派，乃至成为门派中的一分子，进而获得深入学习技术的权利和传承技术的责任。历史上，门派对武术的传承与发展发挥了积极的作用，在当代社会，武术门派需要依托武术社团组织在法律的框架下进行转型与发展。

武术拳种的地域特征

中国国土面积广阔，在长期文化基因的沉淀与传承中形成了地域性文化特征，其中尤以南北文化差异为主。受到地域文化特征的影响，武术拳种也表现出南北差异。诚如凌扬藻在《蠡勺编》中所言：“技击之有南北二派，实由于天时地理之关系，出诸天演之自然，非人力之所能为也。”地域文化的形成受到了自然环境和社会结构的影响。我国武术拳种在上述影响因素与运动形式的结合下，也表现出南北地域性文化差异。而这一点也源于南北武术家们对攻防格斗技能的实践与认识具有相对的差异性。在南北地域文化差异和南北武术家们的实践与认识差异的影响下，武术拳种的南北差异具体表现为以下内容。

北方拳种形成了动作舒展大方、动静分明、朴实无华、形健劲遒等运动风格和审美情趣，同时其技术运用以下肢攻防动作见多。其拳术套路运动风格突出表现为动作大开大合，即幅度大，擅长力量和腾空跳跃等技术动作；在技击方面，充分发挥了臂长腿长的优势，讲究“一寸长，一寸强”的放长击远攻防思想，在动作运用方面特别注意发挥腿击的优势，并表现出劲力迅猛的样态。北方拳种的这些风格特点，充分体现出中国拳谚所说的“手似两扇门，全凭腿打人”“手打三分，脚打七分”的攻防技击思想。上述北方拳种的运动风格与特征在少林拳、太极拳、形意拳、通背拳（通臂拳）、劈挂拳、查拳、华拳、红拳、六合拳、八极拳、螳螂拳等拳种中均有不同层面的体现。这种技术风格形成的原因我们可以从地理环境、人文特点、人种特点等方面来分析。学界通常将秦岭—淮河一线作为我国北方与南方的分界线，北方主要是指秦岭—淮河以北的地区。这一区域相比南方，其地形平坦、活动范围大，气温寒冷而干燥。尤其在隆冬季节，为抵抗凛冽寒风，人处室外练武必须不停地、快速地，甚至是激烈地通过跑跳等动作增加人体热量。为了与地理特征相适应，北方人形成了身高体壮、腿长重心高的身体特征和憨厚朴实的性格特征。与此相适应的北方拳种就具有了北方地域文化特征。

南方拳种较北方拳种整体动作幅度小，上肢及手法尤富于灵活变化，同时特别重视下盘的稳定性与步法的灵活性相结合，使身体既能灵活转向，又能使拳法迅疾施变。在技击方面，南方拳种以“一寸短，一寸险”的攻防格斗思想为指导，其技术运用擅长出短拳，充分发挥贴身靠打之优势，进而表现出拳势威猛迅疾、劲力刚硬之特点，这与南方的地域特征紧密相关。南方气候、地理条件与北方迥异，南方的年平均降雨量超过黄河流域一倍甚至更多，其江河纵横、湖泊星罗棋布。在这一带生活的人们面对浩淼的江河湖海和瞬息万变的天气很容易引发遐想，形成做事灵活、富于开拓的特点。在这样的地域环境下，一方面，南方地区较北方山多水多，由此形成地少人多、人口密集的生活环境特点，无形中压缩了人们的活动空间，影响了武术拳种运动空间的延展。因此，南方拳种充分表现出武术拳谚中常言的“拳打卧牛之地”之空间利用优势。另一方面，从身体形态特征来看，南方人较北方人身材矮小、体形瘦弱，但南方人又表现出智敏、工巧的气质特征。与此相适应的南方拳种，如咏春拳、洪家拳、刘家拳、蔡家拳、李家拳、莫家拳、佛家拳、蔡李佛拳、侠家拳、南枝拳、五祖拳等均体现了南方的地域文化特征。

武术拳种的文化特征

武术拳种作为武术的主要存在形式，萌生于中国传统文化的土壤，受到中国传统文化的深刻影响，并体现出鲜明的中国传统文化特征。例如，近年来广受欢迎的太极拳，脱胎于朴素辩证的中国哲学太极理论，正所谓“理根太极，故名太极拳”。其拳理更是紧密围绕“阴阳相互对立、相互统一、相互转化”的太极之理展开。少林拳深受禅宗思想的影响，强调禅修与习武的结合，形成了“拳禅一体”的拳法技术体系。

另外，还有以五行之理说五拳之性的形意拳拳理，其将劈拳、钻拳、崩拳、炮拳、横拳五拳配以金、木、水、火、土五行，形成了“劈拳之形似斧，性属金；钻拳之形似电，性属水；崩拳之形似箭，性属木；炮拳之形似炮，性属火；横拳之形似弹，性属土”的拳法理论。八卦掌以易理为拳理，要求“以动为本，以变为法”，强调“以动制静”。以“天地四方（东、西、南、北）为六合”思想为基础的六合拳，讲求练拳者自身应如一个小宇宙，完整和谐，其拳理讲究“内三合”，即精、气、神相合以及“外三合”，即手、眼、身相合，内外相合，总称六合。上述列举的武术拳种同一特征就是以中国传统文化作为其拳理、拳法的理论基础，在此基础之上结合身体运动形式形成不同的拳种体系。

武术拳种的分类

从不同的角度，按照不同的标准可以将武术拳种分为不同的种类。对武术拳种的分类由来已久。早在战国初期成书的《司马法》中，已有长兵、短兵的兵械分类概念。明代戚继光在《纪效新书》中介绍当时流行的拳法时，提到长拳、短打的概念，同时在介绍拳技时，使用了打、踢、跌、拿四个分类概念。清初黄宗羲所撰的《王征南墓志铭》中，提出了内家拳、外家拳的武术拳种类别概念。民国初年，《中国精武会章程》使用了“黄河流域派”“长江流域派”“珠江流域派”的分类概念。陆师通在《北拳汇编》一书中，使用了“南派”“北派”的分类概念。再如，江河流域说将武术拳种分为南派和北派，这种划分方法以流传地域为基础，指明了地理气候对拳术形成的影响，使分类由表及里，不断深入发展。

还有一种目前被广泛采用的对武术拳种的分类方法是合流分支法。合流分支分类法是依据武术发展历程中的武技自然合流和分支的历史现象进行分类的方法。这种方法以“共性归合、特性区分”为基本分类原则，以期在展示武术内容全貌的基础上，区别分清武术内容层次，揭示武术发展规律和所属技术间的相互关系。武术的基本素材是攻防动作，具有同一特点的动作素材逐渐聚合发展，或以某一技术特征为标准，发展符合此标准的动作素材，从而形成一定的技术体系和理论体系，这就是拳种。一个拳种在发展中出现几个攻防技击不同的动作，发展出保持该拳种基本特征，但相互风格不同的几种练习方法，这就是不同的“式”。如果由拳种发展出的某一式，其技术特征源于母体拳种而自成体系，就应算是有别于母体的新拳种。若干拳种以某一共性特征为标准归合一群，称为流派。流派的总合就是武术总体。按照合流分支法来对武术拳种进行分类，包括三个层次：第一层次，依据对武术的这些认识，可以视武术为中国传统文化海洋中的一条大江，此江分成若干支流，它们包括以遐举遥击为特点的长拳类，以势险节短为特点的短打类，以圆活柔顺为特点的圆柔类，以仿形成技为特点的象形类。第二层次，每一支流（即类）又分为若干溪流，即每一类都包含具有同一特点的若干拳种。如长拳类包括查、华、花、红、少林拳等；长击类包括通背（臂）拳、劈挂拳等；短打类包括南拳、形意拳等；圆柔类包括太极拳、八卦掌等；象形类包括螳螂拳、猴拳、醉拳等。第三层次，每一溪流又可因拳种内涵与风格的不同形成若干沟渠。例如，太极拳分为陈式、杨式、武式、吴式、孙式、和式等；八卦掌分为尹式、程式、梁式等。

思考题：

1. 概述武术拳种的历史发展脉络。
2. 谈谈你对武术门派的认识。
3. 如何理解武术拳种的地域特征？
4. 武术拳种的文化特征有哪些？
5. 举例说明武术拳种的分类。

第七讲

武术套路运动

武术套路运动是中国武术所特有的一种武术习练形式，体现着中国的智慧与文化，凝结着东方身体文化特有的美感。本讲将围绕以下几个问题展开：武术套路运动的特点是什么？具体可以分为哪几类？有什么技法原则？其体现的价值是什么？对这些问题的回答可以帮助我们加深对武术套路运动的认识。

武术套路运动的定义

武术套路运动是以攻防技击动作为内容，按照攻守进退、动静疾徐、刚柔虚实等矛盾变化的规律编成的整套练习形式。根据不同的分类标准，武术套路有不同的分类形式。按照套路创编时代，武术套路可分为传统套路和现代套路；按照是否持有器械，武术套路分为拳术套路和器械套路；按照人数及演练形式又可分为单练、对练和集体表演三种类型。单练包括徒手单练与器械单练，对练包括徒手对练、器械对练、徒手与器械对练，集体演练分徒手拳术、器械或徒手与器械。目前，单练、对练、集体演练的分类方法是被大家普遍接受的一种分类方法。

单练

单练是单人进行武术套路演练的练习形式。单练是武术套路的主要表现形式，也是武术运动的主要运动内容。因此如果没有特别说明，单练一般均指单练徒手套路。单练也可以分为徒手单练和器械单练。武术器械是武术套路演练时使用的器具或兵器的总称。由于各拳种门派的器械种类很多，虽然大多具有大致相同的器械外形，但演练风格依拳种不同而差异较大。

对练

对练是两人或两人以上，按照预定的动作设定进行的假设性实战演练。其中包括徒手对练、器械对练、徒手与器械对练。

一、徒手对练

徒手对练是运用打、踢、拿、靠、摔等方法，按照攻防格斗的运动规律编成的拳术对练套路，如对打拳、对擒拿、太极对练、南拳对练、形意拳对练等。

二、器械对练

器械对练是以器械的击、刺、劈、撩、砍等技击方法组成的对练套路，如单刀进枪、三节棍进枪、双匕首进枪、对刺剑等。

三、徒手与器械对练

徒手与器械对练是一方徒手、另一方持器械进行的攻防对练套路，如空手夺刀、空手夺棍、空手夺匕首、空手进双枪等。

集体演练

集体演练是六人或六人以上集体进行的徒手、器械或徒手与器械的套路演练。在演练中可变换队形、图案，也可用音乐伴奏，要求队形整齐，动作协调一致，如集体基本功、集体拳、集体刀、集体枪、集体棍、集体九节鞭等。

武术套路运动的特点

武术套路、武术格斗和武术功法虽然都是武术基本的运动形式，但由于其技术特点互不相同，差异较大，因此呈现不同的技术风格与演练特色。武术套路与武术格斗、武术功法相比具有以下四个特点。

一、内容丰富，形式多元

武术套路是由传统武术发展演化而来的，几乎每一个拳种都有自己相应的演练套路，因此武术套路呈现出形式多元、内容丰富的特点。目前，根据“源流有序、拳理明晰、风格独特、自成体系”的标准所确定的武术拳种已达 129 个，每个武术拳种还拥有数量众多的徒手和器械套路。除此之外，根据竞技武术发展的需要，武术套路又形成了适于比赛的多种竞技武术套路。可以说，正是由于众多的武术拳种拥有名目繁多的武术拳械套路，才使得武术呈现出百花齐放的景象。

在漫长的武术发展进程中，由于不同地域、经济、文化背景等影响了人们对武术格斗技术的认识，进而形成了风格各异的武术套路技术。而且由于每一个拳种都根据自身的实践与理论基础发展出各自不同的经典演练套路，因此，各类拳种套路也呈现出别具一格、形式多样的技术风格。例如，有的武术套路动作朴实明快，劲力显现，其技法运用到实战中讲究直进直取，先发制人；有的套路动作讲究轻灵转换，变换隐蔽，以静待动，借力打力，后发先至；有的套路动作表现出大开大合，放长击远，发挥“一寸长、一寸强”的特点；有的套路动作劲力短促紧凑，动作幅度小，在技击方面讲究贴身紧逼，发挥节短势险的特色；有的套路动作注重上肢的威力，手法细腻多变；有的套路动作则另辟蹊径，手脚兼并，上下配合，一步一腿，左右连发。总之，这些旨趣不同、风格繁多、刚柔各异、千姿百态的套路，使武术套路呈现出内容丰富、形式多元的特点。

二、起承有序，势势相连

武术套路一般在形式上按照起势、中间动作组合、收势的规律串编成为“套”，并按照已编定的路线及预先设定的动作程序进行演练。绝大多数武术套路起势后运行路线均先向左开始演练，民间传统武术套路演练的起势一般还都强调面南起势，这是一种约定俗成的规矩。当然就套路演练的方位与路线而言，一般传统性武术套路演练均要求收势能返回起势位置，同时起、收势方向保持一致。

此外，也有一些武术套路，并未循此构架，例如传统拳术翻子拳中的站桩翻子讲究“脆快一挂鞭，一去不回头”，其套路收势并不回到起势的原始位置。再如，一些南拳套路是向前方直线往返进行演练的。从另一角度来看，武术套路是一种由若干武术动作组合而成的成套式演练。因此，武术套路不同于实战格斗的根本区别在于套路是成套式的演练，而实战格斗是依实际对搏情景而不断变化的散招。

三、内隐技击，外长功夫

从直观视觉而言，武术套路肯定没有武术格斗动作那样具有攻防鲜明的技术动作，但是武术套路在其看似程式化的套路演练中却隐含着攻防技击动作与理念。首先，武术套路直接来源于现实中的攻防格斗实践，是攻防格斗动作的全新组合。其次，武术套路演练的核心是表现武术格斗方法，将现实格斗中的攻防动作蕴含在套路演练之中。当然这种套路演练水平同样也是一种功夫的体现，需要在日积月累的艰苦训练中获得。尽管各类武术套路的技法风格不尽相同，但各种流派的武术套路都“讲招法、练劲力”。比如：少林拳套路的风格是以遒劲刚健为主，其技法特点是发拳曲而不曲，直而不直，滚出滚入。长拳类套路的风格表现为姿势舒展、动作灵活、快速有力、节奏分明，多有蹿蹦跳跃、闪展腾挪、起伏转折和跌扑滚翻等技术动作。再如通臂拳套路，讲究“腰背发力，放长击远，通肩达臂”，其套路运动特点表现为甩膀抖腕、立抡成圆、大开密合、击拍响亮、劲力冷弹脆快。太极拳套路的运动特点表现为缓慢柔和、似长江流水连绵不断。

总之，武术套路演练风格虽然多种多样，不是一种对抗性技艺的直接表述，但却从另一个侧面表达着技击攻防技术，同时这种武术套路的演练水平也在昭示着演练者的功力水平。

四、强调审美，气韵生动

武术套路是中国传统身体文化的典型代表，因此受中国传统审美文化影响较大，不仅在技术方面表现出艺术化的夸张与修饰，而且在演练方面也融入了整体的意境、神采、气韵和对比等元素。武术套路不仅着眼于一招一式、一拳一脚的技术和功力，而且着眼于整套的劲力、协调、精神、节奏、内容、风格、结构、布局，进而表现出套路技术的功力和技巧。在传统技法中，武术套路特别注重将实战模拟思维演练，在演练当中往往强调将自己设置于一个想象的实战空间，从而在套路演练中模拟实战场景，将攻防技击动作充分发挥出来，而且特别强调从精神、节奏、风格中体现气势恢宏、气韵生动的整体意境，进而表现出英勇不屈、坚韧不拔的斗志和气概。例如，长拳十二形要求“动如涛，静如岳，起如猿，落如鹊，站如松，立如鸡，转如轮，折如弓，快如风，缓如鹰，轻如叶，重如铁”，既对技术动作提出了具体要求，又描述得十分形象生动。所以，武术套路运动是技击的高度提炼和艺术再现，它来源于技击，又超越技击，其意境深远、生动活泼，表现出一种独特的艺术审美性。

武术套路运动的技法原则

一、遵循人体运动规律，强调东方技击特色

人类在漫长的进化过程中，不但形成了特有的身体结构特点，而且形成了具有人类特性的运动规律。传统武术在数千年的演化过程中，对于人类这种独特的身体结构进行了深入研究，而且从技击视角对人类的运动规律做了无数次的技术假设与验证，从而形成了今天中国特有的武术套路演练动作，因此许多武术套路技术动作既符合人体结构特点又符合人类特有的运动规律，而且还展示了中国特有的攻防技击技术特色。例如，《拳经拳法备要》在“周身秘诀十二项”专门论述了身体各部位的技术要领，即头不可抬高，不可俯视；眼宜精神注射；颈直竖而不可太偏；肩宜带靠而陡来；臂宜狭不宜开；手要轻松圆活、刚柔相济、上下前后左右相顾；胸宜开之成其一片；腰要灵活圆熟、直鞭坚固；腿宜悬而缩，宜活而硬；膝宜平分内里、不可外开；足妙在足趾钉下、足跟坚固。这些论述如今完全可以依照人体生理解剖特点及运动规律并结合技击运动特点而阐释与说明。关于动作的顺势顺力，《手臂录》中就有这样一段记载：“持棍后手宜留三四寸，以便换手，持枪必须尽根。余谓枪根当在掌心中，与臂骨直对，则灵活而长。”另有拳谚“单刀看手，双刀看走，大刀看口”，所谓“单刀看手”是指在练习单刀时一手持刀、一手配合，为了更好地发力，不持刀的一手的配合就显得尤为重要，“看手”就是看不持刀的一手（实际上还包括整个臂）；“双刀看走”是说练习双刀，因为两手各执一刀，所以上肢动作和下肢动作的协调就显得更为重要；“大

刀看口”的“口”是指“刀口”，也就是刀刃，旨在说明舞动大刀时要注意刀口的方向和用法，以体现出相应的技击方法。刀术以劈砍为主要进攻方法，动作勇猛，重视力量，正所谓“刀如猛虎”。在挥刀劈砍时由于发力的需要，两臂往往要做相向运动，若右手持刀，刀在身前由右向左运动，这时左臂则须由左向右，两臂同时向里合；若刀在身前由左向右运动，这时左臂则须由右向左，两臂同时向外分，这样左臂的运动使身体左侧相应的肌肉更为紧张，使右臂能有更加稳固的支撑点，身体处于这样的状态下发力更加方便。一般说来，在刀术中发力动作的两臂均是做相向运动的，其道理也就在于此。

如果对各种武术套路攻防技法逐一进行分析，我们就会发现正确的技术动作均符合人体结构特点和运动规律。在学习和掌握各种武术套路基本动作时，应了解与动作相关的人体各部位的解剖结构和运动特点，并充分利用这些特点，突出东方特有的技击特色。只有较好地掌握人体结构特点和运动规律，才能更好地掌握和完成各种武术套路。同时，练习者在学习和训练的过程中，掌握符合人体运动规律的原理也可更好地避免伤害事故发生，更有利于练习者增进身体健康。

二、以攻防技击为核心，突出实战性

武术套路是在武术技击动作的基础上发展而成的，因此其最为基本的核心就是攻防技击性。失去攻防技击性武术套路就失去存在的根本，因此任何武术套路都特别强调套路动作中的攻防技击特色，而且许多套路都可以将每一招拆解开来进行单独的反复练习，从而明确该动作中所蕴含的攻防技击性。在武术套路演练中，练习者运用技击技法原理可以更好地理解动作要领，提高演练水平。武术套路以演练为其表现形式，其所包含的动作虽然与实战格斗动作有较大的差异性，但它却内含技击，表达了技击思想。无论武术套路内容多么丰富多彩、其外在表现的艺术审美性有多么强烈，其运行过程均以体现攻防技击为核心。这是武术套路运动区别于体操及舞蹈运动的内在根本所在，也是武术体现中华民族特色的重要特征。

武术发展至今，其大部分动作的规格和力法要求，仍然是以技击技术为中心而提炼、总结出来的。武术段位制技术的五大要素“打、踢、拿、靠、摔”技法，完全是实用格斗技术的基本方法。如《武术套路竞赛规则》要求握拳时五指握紧，拳面要平，平腕时拳背与前臂成一条直线，体现了用拳击打对方时的动作规律。

屈伸性的腿法要求下肢由屈到伸，快速发力，体现了以腿进攻时充分发挥下肢力量的技术特点。刀术中的“缠头裹脑”，要求刀尖下垂，刀背贴肩背绕过，体现了以刀保护自己身体的攻防技击方法。枪术中扎枪要平，力须达枪尖，体现了用枪尖进攻时“枪扎一条线”的技术特点。即使是腾空飞脚这种在实战中不常用的动作，《纪效新书》也道出其技击精要，“悬脚虚饵彼轻进，二换腿决不饶轻，赶上一掌满天星，谁敢再来比并”，充分体现了以腿进攻的基本技术规律。再如太极拳中掤、捋、挤、按的动作同样符合相应手法技击规范的一般要求。

此外，武术套路演练还特别强调实战性，练习者在练习的过程中应尽可能地了解各个动作的攻防技击的用法，能随演练表现出来，并设想自己身处实战环境，这样才符合武术套路的运动规律并彰显中华民族武术运动风格与特色。拳谚有：“眼前无人当有人，眼前有人当无人。”“眼前无人当有人”是指武术套路演练时要似有一个对手在与自己对打，每招每式都有一个明确的攻防目标，把自己置身于一个“战斗的场合”，这样不仅可以提高套路演练水平，而且更能体现武术套路的攻防技击性。

三、强化内外合一，注重整体形神气韵

从武术套路技法的角度来看，形神兼备就是指练习者在演练武术套路时，要处理好外在的“形”和内在的“神”之间的关系，讲究形体规范、精神传意，使之相互促进，形成内外一体的表现力。形神兼备是武术套路演练的一个基本要求，所谓“形”是指外在的、具体的、运动的武术动作；所谓“神”是指内在的、心理的、富有想象的、精神方面的内容。“外练筋骨皮，内练一口气”就是对形神兼备的形象阐释与说明。长拳套路中专门有“八法”（“手法、眼法、身法、步法”与“精神、气息、劲力、功夫”）的要求，即在演练过程中要做到“拳似流星、眼似电、腰似蛇行、步赛粘、精神充沛、气宜沉、力要顺达、功宜纯”，这从演练技巧方面表现了“内外合一、形神兼备”的具体技法要求。

从另一个角度而言，套路中每一个动作或一整套招法都是由人体的四肢、躯干以不同的运动方式来完成的，我们将其称为外在的形，而套路练习正是通过外在的形才能表现内在的神，进而达到气韵生动的境界。例如，长拳套路练习中所谓的“十二型”，即“动如涛、静如岳、起如猿、落如鹊、站如钟、立如鸡、转如轮、折如弓、快如风、缓如鹰、轻如叶、重如铁”，深刻表达了套路练习通过“形

神兼备”的技术要求展现的一种超越格斗现实的运动艺术追求。武术套路技术演练中相关“形神兼备、气韵生动”的要求，充分体现了格斗技术艺术化表现的一种方式与方法，也是展现中国武术特色与风格的一个典型特征。

四、注重拳械演练风格，凸显技击艺术

武术内容丰富多彩、博大精深，特别是在武术套路中更有鲜明的体现，除徒手演练外还有器械演练，可以说五花八门、形式多样，而且由于各个拳种的风格特点各不相同，又形成各具特色的演练风格。当然，从整体要求的角度，武术套路要求做到“内外合一、形神兼备”的共性特征，同时在具体的不同拳械演练中，又要求做到“风格独特”。这种演练“风格独特”的要求主要包含两个方面：其一，套路演练应体现各自拳械要求的技击风格与特点，如演练太极拳要表现出柔和缓慢、连绵不断；演练长拳应表现出动作舒展、节奏鲜明、刚劲有力；演练南拳应表现出动作紧凑、硬猛刚强、手法多变。这些内容是武术拳种自身客体的内在诉求，也是武术演练最为基本的特征表现。其二，在同一拳械的演练中，通过个人对武术技艺的理解与追求，还要体现个人独具特色的演练风格。在武术技艺传承中，拳家经常用“身形”来反映个人演练风格，即通过独特的身法体现具有个人魅力的运动形态。从某种意义上而言，这种身形是“无法复制”的，它与演练者个人的气质与性格密切相关，即使同一种拳械，招式一样但演练的风格也往往各不相同，因为这是演练者自己身体内在与生俱来的特质性运动表现。

武术套路不仅具有鲜明的技击特色与属性，而且蕴含着非常丰富的艺术审美因素与价值，是技击与艺术的完美结合体。武术套路运动主要通过肢体的技击动作展现运动的属性，而其内含的演练风格则体现出艺术的属性与价值，它是武术运动活力与生机的象征，而且是身体文化艺术魅力的体验与展现。

武术套路运动的价值

武术套路运动与武术格斗运动、武术功法运动有着不同的技术风格与演练特色，因此其功能价值也表现出一定的特点。

一、传承武术技法的重要载体

武术套路是以武术攻防动作为素材，按照一定的原则串编而成。某一拳种的攻防动作，大都集中编创为一个套路，或者分别编入多个套路中。按套路进行传承、传播，就能使该拳种的技艺较为完整地得到保护和流传于世，减少技法漏传或者失传的情况。此外，很多武术功法的锻炼动作也出现在套路之中，也就是说，进行套路的传承和练习，不仅套路本身得到了传承，也保障和促进了武术实战格斗动作和武术功法动作的传播。

当然，在传承和练习实践中，习练者应该明确套路动作与真正搏击的格斗动作，以及用于提高功力的功法动作三者之间的区别。同一动作，用作真正搏击格斗动作时，要以攻击致胜为目的，按照攻防规律进行训练；用作提高功力的功法动作时，要求按照“微量递增”的原则进行循序渐进的锻炼；用作套路演练动作时，要按照套路演练的要求展现出武术套路的运动价值和审美价值。

二、展示民族身体文化的重要形式

在人类发展的历史进程中，随着民族之间生存竞争的发展，产生了多种攻防搏斗技术。这些基本攻防搏斗技术原本没有太大区别，因为不同人种的人体基本结构都是相同的，所以人体运动的规律也大致相同。在这种共同的人体运动基本规律体系下，不同民族的人具有大致相同或相似的攻防格斗技术。然而为什么世界其他各国，特别是西方各民族却没有形成像中国武术那样完整、丰富的武术套路练习，并使之流传至今呢？中国武术套路的形成与流传，除了便于传授、记忆和训练等技术原因外，民族传统文化背景的深层原因起到了决定性作用，而武术套路的运动形式是体现民族文化的重要形式。

中国文化表现出中华民族特别重内、重意、重合、重直觉的文化心态。武术套路运动技术主要以内外的整体和谐为切入点，讲究“以易理为拳理”，注重“身心俱练，内外合一”的技击文化特点。中国传统文化的程式性特征决定了套路的产生；强调阴阳相依的易理是武术套路产生的哲理基础；崇礼是套路产生的伦理道德基础；中国文化以家族为本位促进了套路的流传和发展。由此可见，在古代，家族、宗族的传统意识在对武术套路技术层面上的流传和发展甚为重要。传统武术套路的传承一直重视血缘关系，注重家族传承，以家族本体为基础，并由此衍生出“一日为师，终身为父”的类血缘关系。

此外，武术套路形成是中国人普遍特有的品质表现，着重体现为中华民族不愿主动攻击扩张的传统意识，表现出中国人内敛不张扬、不好勇斗狠、不愿正面碰撞，喜欢迂回、避其锋芒、以退为进的基本民族精神与风格特点。中华民族自古拥有一种不愿用武力征服对方，但又不示弱的精神与品质，遂通过武术套路来显示高超的搏击技巧与自卫能力，以达到“不战而屈人之兵，善之又善”的境界，充分体现出中国人优秀的传统文化心态。将精巧的格斗技法汇集于套路形式之中可谓是一大创举，它既有利于千百年来连续不断地传承，又有利于考验和磨练习练者的意志。所以，武术套路运动既是格斗技艺的再现，又是自强不息民族精神的体现。

思考题：

1. 简述武术套路运动的内容及分类。
2. 简述武术套路运动的特点。
3. 简述武术套路技法应遵循的基本原则。
4. 谈谈你对武术套路运动价值的认识。

第八讲

武术格斗运动

攻防动作是武术运动的主要构成要素，历史上攻防动作的本体价值取向主要是制敌取胜。正因为如此，武术格斗运动曾一度被停止。但是，作为武术运动的重要组成部分，武术格斗运动具有其不可取代的地位。所以，正确认识与评价武术格斗运动，发挥其独特的价值，对促进武术运动的科学发展具有十分重要的意义。本讲我们将对武术格斗运动的定义、武术散打、武术短兵、太极推手、中国式摔跤等内容进行简要介绍，并阐述武术格斗运动的特点、技法原则以及独特的价值，以期能够较全面、客观地审视武术格斗运动。

武术格斗运动的定义

武术格斗运动是两人按照一定的规则，徒手或手持器械进行实战对抗的一种武术运动形式。武术格斗是武术运动形式中的一个专有名词。从字面来理解，“格”是防守，“斗”是进攻，“格”与“斗”完整地体现了武术攻防转换的特点。由于历史原因，武术格斗运动曾一度被停止。随着人们对武术本质属性的再认识，武术格斗运动重新登上了武术的大舞台，并呈现出良好的发展态势，已成为现代武术的重要组成部分。

格斗的目的是制服对方，格斗的过程是身体的运动，格斗的手段是技法的运用，格斗的规律是相互制约，而相互制约的技术内涵是随着技法运用种类的多少来发挥作用的。

武术散打

武术散打是两人按照一定的规则，运用武术中的踢、打、摔等攻防技法致胜对方的、徒手对抗的武术格斗运动。

武术散打起源于冷兵器时代的徒手搏斗运动形式。在漫长的演变过程中，关于武术徒手搏斗形式的称谓，不同的时代有不同的叫法，如相搏、手搏、白打、打擂台等，现在称为散打，有时也叫散手。“打擂台”是两个人在擂台上徒手较量武艺，是中国古代比武的习俗。“打擂”比武在民间颇为流行，如春节庙会或其他节日集会，不同拳种的各门派大都会设擂台比武发展武艺。民国时期成立的中央国术馆“国考”的内容包括徒手对抗的“拳脚门”和“摔跤门”及持械对抗的“刀剑门”和“棍枪门”，这其中的“拳脚门”就是散打比赛。比赛不按体重分级，只以抽签分组进行淘汰赛。比赛没有护具，也没有时间限制，规则要点是凡用手、肘、脚等击中对方任何部位均得一分，凡击中对方眼部、喉部、裆部均为犯规。

武术散打的基本技术是指在实战中完成进攻与防守动作的方法。根据一个进攻或防守单元中所包含的单个技术数量，武术散打的基本技术可分为单个技术和组合技术两大类。单个技术主要有实战姿势、基本拳法、基本腿法、基本摔法、基本步法、基本防守法、基本跌法；组合技术主要有拳法组合、腿法组合、拳腿组合、拳摔组合等。

一、武术散打的基本技术要求

武术散打的基本技术要求包括以下内容。

1. 实战姿势的技术要求

实战姿势一般称为预备姿势，也称为格斗式。简单地说，实战姿势需要很好地适应实战中攻防的需要。一般来说，实战姿势需要满足三个要求，即便于进攻、便于防守和便于移动。

2. 步法的技术要求

步法要满足随时能“攻进去”和“撤出来”的要求。具体而言，要满足以下技术要求：首先，步法要灵活敏捷，要能前、后、左、右快速移动；其次，步法的移动速度要快，要能快速地进退；再次，步法的移动要准确，能根据进攻、防守的实际需要控制好步法的幅度，为进攻或防守创造条件；最后，步法移动后要保持身体的稳定，身体重心不能前后左右偏移。

3. 踢打的技术要求

武术散打比赛中拳法的“打”与腿法的“踢”是主要的进攻得分手段。想要在实际对抗中击中对手，必须符合四点要求，即速度要快、力点要准、力量要大、预兆要小。预兆就是做动作之前出现一些多余的动作而暴露进攻意图。这种预兆往往能让对手准确把握防守及反击的时机，这样不仅会导致进攻不成功，而且会增加被对手成功反击的可能性。

4. 摔法的技术要求

在武术散打实战对抗中，摔法是主要的进攻手段之一，包括贴身摔和接招摔。要达到较好的摔法效果，要符合以下几点要求：首先，借势。借势是趁对手重心不稳、失去平衡时，顺势加力将对手摔倒，即所谓的借力打力。借势不仅比较省力，而且能增加成功的概率。因此，想要达到较好的借势效果，一定要把握好时机。其次，掀底。掀底是指为破坏对方的身体重心而采用拉、掀、托等方法摔倒对方。一般来讲，掀底对于柔韧性较差的对手效果较好。再次，别根。别根是指用自身身体的某一部位别绊对手支撑重心的根部。别根的目的是阻挡对方身体下端的移动，使其身体重心偏离而倒地。最后，靠身。靠身是指利用身体向前挤靠的方法。靠身一般是固定了对方下肢后，通过挤靠对方的上身而破坏对方的重心。

5. 跌法的技术要求

跌法就是跌倒的技术方法。由于武术散打比赛允许使用摔法，所以会导致参赛双方运动员出现许多倒地动作，如果不掌握一些必要的倒地方法，就可能造成损伤。想要做好跌法，需注意以下几点技术要求：第一，缓冲。以双手先着地，再通过各关节依次弯屈，逐步缓冲身体已具有的动能，以减轻对内脏器官的冲击。第二，低头。在倒地时为了尽量减轻头部与地面接触时的冲击力而要求低头。第三，团身。跌法中有些动作要求身体收紧成一团在地上滚动完成，如前滚翻、后滚翻等，所以要求团身，团身越紧凑，身体所受的冲击力越小。第四，闭气。通过闭气可引起胸肌和腹肌条件反射性收缩，增大胸腹腔的压力，使胸腹腔的器官不至于因剧烈晃动而受伤。

6. 防守的技术要求

防守技术大体分为两种类型，即非接触性防守和接触性防守。非接触性防守主要通过身体姿势的变化或身体位置的改变来达到防守的目的，而接触性防守则是通过肢体的格挡或拦截达到防守的目的。两类防守技术有一定的共性要求，也存在一定的差异。对于非接触性防守技术来说，有时机恰当、位移准确、整体协调等技术要求；对于接触性防守技术来说，则有防守面大、动作幅度小、还原转换要快等技术要求。

二、武术散打的核心体能

体能是指运动员机体的基本运动能力，是以人体三大供能系统为能量代谢活动的物质基础，通过骨骼肌做功的形式表现出来的运动形式，是运动员竞技能力的重要构成因素。运动员体能水平的高低，是通过速度、力量、耐力、协调、灵敏和柔韧等运动素质表现出来的，不同的运动项目对体能的要求也不一样。武术散打作为格斗对抗类项目，对体能的要求都相对较高，尤其对力量、速度、耐力等素质要求特别高。

1. 力量

力量是指人体神经肌肉系统在工作时克服或对抗阻力的能力。人体在运动时，会受到身体重力、空气阻力、竞争对手的对抗等外力，还受到肌肉黏滞性、对抗肌的牵引等导致的内在阻力，这就需要人体的肌肉收缩产生力量来克服各种阻力。根据完成不同体育活动所需要力量的不同特点，通常可以把力量素质划分为最大力量、快速力量及力量耐力。

由于武术散打项目具有对抗的特点，对最大力量、快速力量及力量耐力的要求较高。使用拳法、腿法进攻时需要快速力量，使用摔法进攻或对抗摔法时需要最大力量，使用拳法、腿法及摔法持续进攻时需要力量耐力。相对来说，快速力量在武术散打中最为重要，其主要由遗传因素所决定，而且又是速度素质的基础之一。

2. 速度

速度是人体快速移动的能力，也指人体某一部位快速移动、快速完成动作和快速做出反应动作的能力。在运动中，速度素质具体表现为人体快速完成动作的能力、对外界信号快速反应的能力和快速位移的能力。速度包括反应速度、动作速度和移动速度。“快打慢”是武术散打对抗的一种正常现象，所以武术散打运动对运动员的速度素质要求极高，良好的速度素质是快速地进攻、防守、进攻转防守、防守转进攻的必备条件。

3. 耐力

耐力是指人体在较长的时间内，保持特定强度负荷的能力，是人体基本的运动能力之一。耐力素质对人体的运动能力及活动能力都有一定的影响。耐力素质表现为长时间负荷下人体抵抗神经、肌肉疲劳的能力及疲劳后恢复的能力。耐力素质可分为有氧耐力和无氧耐力。武术散打实战对抗对运动员的耐力素质要求较高，尤其对无氧耐力的要求相对更高。有研究表明，对武术散打运动员竞技能力有重要影响的四项身体素质指标依次为速度耐力、速度、力量灵敏、柔韧，其中速度耐力居于首位。

4. 抗击打力

抗击打力是指人体对外界击打所能承受的能力。武术散打属于格斗对抗类项目，是身体与身体的直接对抗，以对抗双方的身体为攻击目标。在实战对抗中，参赛运动员各身体部位随时可能遭受对方拳法、腿法的沉重击打，也可能被对手狠狠地摔倒在地，这就要求参赛运动员的身体具有较强的承受击打的能力。近年来，武术散打比赛在竞赛规则导向下正朝着日益激烈的方向发展，这对参赛运动员的抗击打力提出了严峻的挑战。

武术短兵

武术短兵是两人手持短兵，按照一定的规则，运用劈、砍、刺、点、撩、挂等攻防方法制胜对方的武术格斗运动。

武术短兵与武术套路中所说的短器械有所不同，武术套路中的短器械是以长、短为标准对武术器械进行分类的，武术短兵是综合采用短器械的技击方法进行格斗的运动项目。

现代武术短兵运动的器材是融合武术刀、剑的样式和功能，采用既有利于保证安全又有利于动作发挥的新材料、新工艺重新制作而成。武术短兵是中国古代传统的刀剑技法的延续，刀剑文化是中华民族五千年文明史的重要组成部分，它从中华民族的原始劳动中萌生和孕育出来，并与历代社会同步发展。自东周时期（前 770—前 256 年），剑的形制已经多种多样，有长剑、短剑之分，且形态各异。吴越时期，干将、莫邪二人所铸之剑天下一绝，代代相传，因此造就了许多用剑高手。相传春秋后期，越国女子（人称“越女”）剑法超群，所向披靡，无人能敌。

越王勾践即将伐吴，曾向越女求教剑法，“越女论剑”成为后世剑坛上著名的典籍。

随着社会的进步和时代的发展，武术短兵对击打刺伤、相互格斗的方式进行了改进。1933 年，国立国术体育专科学校成立，武术短兵被列入国体必修课程，在学期终、学年终都举行比赛，平时有不同班级、年级、全校性的友谊赛和对抗赛，成绩优异者被冠以“剑客”“剑侠”之类的美称。2016 年 6 月 15 日，首届全国武术短兵比赛在武汉体育学院举行，这届比赛对于武术短兵赛事的发展具有积极意义，其比赛规则、比赛护具、比赛场地、比赛器械等都取得了明显的改进。

一、武术短兵的基本技术

武术短兵技术是完成武术短兵动作的方法，武术短兵基本技术是技术应用的基础，也是武术短兵实战水平提高的重要保证。根据各技术在实战对抗中的用途，可将武术短兵基本技术分为进攻性技术、防守性技术和辅助性技术。进攻性技术包括刺、劈、砍、斩、点、崩、撩、挑等，防守性技术包括架、格、截、压、闪躲等，辅助性技术包括实战姿势、基本步法等。

二、武术短兵的核心体能

武术短兵比赛与其他体育比赛一样，其体能由身体形态、身体机能及身体素质等组成，由于武术短兵项目本身的特征，不同的体能指标对该项目运动员的竞技能力的重要性是不一样的。身高臂长的形态指标、快速力量、速度素质等身体素质指标在武术短兵中显得尤为重要。

1. 身高臂长

身高臂长属于身体形态指标，身高就是运动员的身高相对来说越高越好，臂长就是运动员的手臂长度越长越好。根据武术短兵实战姿势的特征，人体的身高加上臂长决定了个体的静止攻击距离，在武术中有“一寸长、一寸强”之说，武术短兵项目也遵循这一规律，而且表现得十分明显，在武术短兵实战对抗中更是尤为重要。

2. 快速力量

力量素质是指人体肌肉工作时克服阻力的能力。人体在运动时，会受到身体重力、重物负荷、空气或水的阻力等各种外力及肌肉的黏滞性等内力的阻碍，人体要完成预定的身体动作，就需要肌肉做功产生力量来克服这些阻力。不同的体育项目对力量的要求是不一样的，有些项目需要最大力量、有些项目需要力量耐力等。对于武术短兵项目来说，快速力量显得更加重要。快速力量是速度的基础，武术短兵的攻防都是在快速中进行的，需要运动员具有较好的快速力量。

3. 速度素质

速度素质是指人体快速运动的能力，也指人体或人体某一部位快速做出运动反应、快速完成动作及快速移动的能力。速度素质一般包含反应速度、动作速度和位移速度，不同的运动项目对速度素质的要求不同，作为格斗对抗的武术短兵项目对三种类型的速度要求都很高，无论是进攻还是防守，要求对进攻的机会或防守的办法做出快速反应，同时通过快速的身体动作及移动步法进行相应的攻防。

太极推手

太极推手是两人按照一定的规则，使用掤、捋、挤、按、采、挒、肘、靠等技击方法制胜的武术格斗运动，其以两人相互配合为主要练习形式，以切磋技艺和锻炼身体为目的。

传统太极推手是一种典型的富有东方智慧的运动。在太极拳套路练习达到一定水平的基础上，两人搭手，以上肢和躯干为进攻部位，互相缠绕，应用太极拳中“掤、捋、挤、按、采、挒、肘、靠”八种方法，按照“不丢不顶，无过不及，随屈就伸，运转自如”的原则，通过神经和肌肉感觉判断对方劲力的大小、速度和动向，然后借劲或发劲，将对手推出去或使对手失去重心。

一、太极推手的基本技术

太极推手的基本技术就是完成太极推手攻防的基本动作方法，是太极推手实战对抗的基础，因此，掌握良好的基本技术是具有强大实战能力的基础。太极推手根据自身实战对抗的特点及需要形成了包含手法、步法、桩法、单推手技术、双推手技术、发力技术等技术体系。

二、太极推手的核心体能

根据太极推手运动的特点可知，身体的感知觉机能、最大力量这两项人体的体能指标是其必要条件。

1. 感知觉机能

太极推手运动中对抗双方通过听劲来感知彼此的劲力。所谓听劲，是指通过皮肤的触觉以及其他的本体感觉来探测对方劲力的大小、长短和动向等感知力的方法。听劲在太极推手对抗中具有重要的作用，太极推手要求知己知彼，后发先至，一切从客观实际出发，急则急应，缓则缓随，审时度势，因势利导，其基础依仗于听劲技巧。听劲水平的高低又取决于个体触觉及本体感觉的发达程度，因此，感知觉机能水平是太极推手项目的一个重要的指标。

2. 最大力量

太极推手是对抗双方以八法技术将对手发放出圈、摔倒等得分的多少来判定胜负的，将对手发放出圈或摔倒均需要力量。在对抗过程中，上肢力量的大小、下肢的稳定性（主要由下肢力量大小决定）往往在对抗中起着决定性的作用，而且这种力量主要以最大力量的形式体现。

中国式摔跤

中国式摔跤是两人按照一定的规则，使用摔法摔倒对方的武术格斗运动。中国式摔跤作为带有中华民族文化特色的民族传统体育运动，有着悠久的历史，同时也是中国文化遗产之一。早在四千年前的原始社会就有了摔跤活动。当时，人们为了求得生存，与自然界进行斗争，在部落之间的冲突中，利用自己的力量、技巧取得食物和进行自卫，从而产生了古代的摔跤。

南朝人任昉著的《述异记》中记载有蚩尤与轩辕黄帝大战，蚩尤头上有角，并用角抵人来进攻。汉代造角抵戏，模仿蚩尤的形象“头戴牛角以相抵”，这种“蚩尤戏”就是我国古代摔跤的雏形。周朝初年（前 11 世纪），摔跤作为练兵的一项军事科目出现。据《礼记・月令》记载：“孟冬之月，……天子乃命将帅讲武，习射御角力。”由于当时兵器较差，射箭、驾车、角力都是军队操练的主要科目。

由于各民族的语言文字不同，摔跤的方式方法也有较大的差异，如角力、摔胡、角抵、相扑、布库、厄鲁特、掼跤等。秦汉以后，摔跤走向民间，供民众欣赏和娱乐。晋代，多在元宵节举行摔跤比赛。唐代，多在春秋两季举行比赛，皇家有专门的摔跤组织，并将摔跤作为宫廷娱乐的项目。五代时期，名手辈出，同时出现了中国第一部讲摔跤的书——调露子的《角力记》。宋代还出现了女子摔跤。元、明、清时期，摔跤融入了少数民族的技艺风格，逐渐呈现出现代中国式摔跤的雏形。1953 年，摔跤被列为正式竞赛项目；1958 年，正式定名为“中国式摔跤”。中国式摔跤按技术风格可分为北京跤、山西跤、蒙古跤、保定跤等流派。

一、中国式摔跤的基本技术

中国式摔跤是专门使用摔法的一项武术格斗运动，摔法是武术“打、踢、拿、靠、摔”五大击法之一。中国式摔跤经常使用的技术方法有背、别、挑、缠、揣、踢、拧、搂、弹、搿、抱腿、跪腿、里勾腿、插闪、勾脚、里刀勾等。

1. 基本姿势的技术要求

中国式摔跤有固定的技术动作组合，从而形成基本姿势。这些基本姿势一般称为“跤架”。“跤架”要求上体成半斜面，两腿微屈；含胸，收紧双臂，尾骨下垂，头部保持正直，鼻尖与前脚尖相对但不要超过前脚尖，后脑勺与后脚跟相对但不要超过后脚跟；两手松握拳并护于身前，上手不要高过鼻子，低手不超过嘴。此动作姿势形成前后腿紧密相随。如属右架者其右手也在前，在前之手叫上手，稍后之手叫后手（底手），又称“上把”“底把”，前手抢把，后手辅助上手。

2. 基本步法的技术要求

跤架的前脚为先锋，后脚是后卫，这是摔跤中步法的基本要求，俗话说：“走对步赢跤，走错步输跤。”步法是摔跤极为重要的技术之一，灵活地运用步法是每个跤手必须熟练掌握的技巧。

在走架时，右架向右转行或左架向右环行，不论走快步或走慢步，双脚运行一定保持走斜丁步；在摔跤的过程中一旦要挪动，必须是底桩先走，横向跨步而前脚紧跟；在走跤步时，前后脚横跨一尺，而前脚跟步三寸，后卫保先锋，跤步永不乱跨。在摔跤时，步法后退也可以，前脚滑退而底桩横跨，永远保持斜丁步的步伐。

二、中国式摔跤的核心体能

中国式摔跤对腰腹和腿部的力量和灵活性要求很高。有拳谚云：腰如盘蛇，脚似钻。正是对中国式摔跤核心体能的要求。除此之外，中国式摔跤还对速度有要求，中国式摔跤讲求以快制胜，因为快可使动作突然，使对方猝不及防，从而争得主动。

身材高大的人与身材矮小的人对摔时，身材高大的人应发挥臂长、身长、腿长的特点，争取先抓住对方而不要让对方先靠近自己。反之，身材矮小的人要争取接近和抱住身材高大的人，尽量限制对方的长处，如对方身体较胖、体力较差时，可设法扯着对方转动，消耗他的体力，然后再借机进攻。

武术格斗运动的特点

武术格斗的技击方法包括作为攻击对方武器的不同身体部位运用，不同身体部位衍生出来的能够攻击对方的各种手段，各种手段攻击对方不同身体部位的具体分工，双方格斗时对运动状态不同变化的具体对策等因素。其技法特点主要表现为技法运用的完整性强、实用的优越性大、发招的灵巧性高。

一、技法的完整性

技法内容的完整性是指在格斗运动中，在保证安全和裁判操作的前提下，能够最大限度地综合应用各种不同类别的技击方法，从而反映了武术格斗技法使用完整性强的特点。

具体而言，各种不同种类的技法是根据人体格斗时姿势状态的不同变化和打击双方的不同需要而产生的。虽然，每一个单一种类的技法作为个体，针对人体不同的攻击目标和手段可以发挥不同的作用，在相互之间形成相生相克、相互制约的关系。不同种类的技法作为整体，技法与技法之间也是相生相克、相互制约的。但是，单一种类技法的相生相克只能在单一种类的技法内衍生变化，不能体现格斗各种技法使用的全貌，格斗的不同种类的技法只有存在允许全面运用的条件，才能体现它们相互之间互为作用的整体性价值功能。

其他的格斗类运动项目，基本上都是以某一类技法为主要运动手段，在自身允许使用的方法范围内，根据运动规律和运动员姿势状态的变化，制定与之相适应的竞赛规则，在竞赛规则的限定下进行竞技比赛。例如，拳击以拳法为主要运动手段，摔跤以摔法为主要运动手段，跆拳道以腿法为主要运动手段，柔道在以摔法为主要运动手段的基础上加了擒拿法，泰拳在以腿法为主要运动手段的基础上强化了肘法和膝法的运用，击剑是以刺为主要运动手段，剑道是以劈为主要运动手段。从以上几个在世界上影响较大的人体格斗类运动项目可以明显地看出，它们都是把完整系统的人体格斗技术肢解开来，以单种技法为主要运动手段形成一个独立的运动项目，使完整的人体格斗技法独立地进行发展。

虽然对抗性质的武术格斗运动在我国开展较晚，但是演练性质的武术套路全面系统地承载了格斗的技术体系和理论认识，其广度和深度是国外任何人体格斗类运动项目无法比拟的，为武术对抗项目的开展奠定了深厚、坚实的理论和技术基础。依据武术格斗运动项目的继承性原理，武术散打不同种类的拳法、腿法、摔法都可以使用，能够最大限度地发挥踢法、打法、摔法综合应用的功能，全面体现格斗不同技法运用的变化规律和运动规律。武术短兵击、刺、劈、撩、挂、砍、点等方法都可以发挥作用。

武术格斗在保证安全的前提下，除了对人体容易受伤的部位、容易伤害人体的技法、运动员比赛过程中使用不宜于裁判员记分的动作进行必要的限制外，任何武术技击方法都可以使用。不仅容纳了踢、打、摔、刺、劈、点的各种技法，而且容纳了各种技法连接所需要的相关技法。使用多种技法就会产生多种进攻、防守、反击、防守反击的技法，按照数字排列组合的定律，这将起到成倍增长技法的作用。武术格斗中，人体从头到脚都能够被攻击，上至武术的腾空动作，下至前扫、后扫、地蹚打法等，武术格斗可以使用动作的空间范围，可以说已经达到了极限程度。这就扩大了运动员进攻和反击的视野，增加了需观察、判断、反应的活动范围，改变了同一动作的不同进攻路线，提高了运动员动作操作思维的能力，提供了使用多种战术变化的条件，武术格斗与其他格斗项目相比，使用技法的完整性最强。

由于武术格斗使用技法完整性强的特点，使得该运动项目的技术含量最大，空间活动的范围最广，运动状态的变化最复杂。在比赛过程中，从姿势状态的变化来讲，不管是转身的、侧身的、前俯的、后仰的、团身的、高姿的、低姿的、腾空的、倒地的等格斗呈现出的任何一种姿势状态，运动员都可以在任何方向、角度、位置发起进攻、防守、反击；从距离的空间范围来讲，双方运动员的距离不管是远、是近还是贴身，不仅可以针对性地使用拳、腿、摔、刺、劈、点等不同技法，而且可以通过运动员动作姿势的动态调节，攻击不同距离的对手。

二、技法的多样性

技法的多样性是指武术格斗运动使用的技法与其他人体格斗类运动使用的

技法相比，由于使用技法的多样性，针对任何情况和各种格斗状态都具备进攻、防守、反击、攻中带防、防守反击的手段，以及相生相克的技法，反映了武术格斗运动技法使用多样性的特点。人体徒手或短兵格斗的技法，如踢、打、摔、刺、劈、点等各有各的作用，从实用价值上来讲，它们之间并没有优劣之分。不同种类的技法针对的是特定的客观条件，即不同的客观条件适合使用不同的方法，“远用腿、近用拳、贴身靠摔拿”就是对不同种类技法在何种情况下发挥作用的高度概括。

“相生相克”是格斗技术发展的不竭动力。每一种技法能够使用就能够被破解。踢、打、摔、刺、劈、点等，每一种技法各自是相生相克的，拳法可破拳法，腿法可破腿法，摔法可破摔法，刺法可破刺法，劈法可破劈法，点法可破点法。徒手技法或短兵技法，各自作为一个技法的整体综合使用，互相之间也是相生相克的。腿法可以克拳法，因为腿法工作距离长、力量大，正如拳谚中所说的“一寸长，一寸强”“手是两扇门，全凭脚打人”；摔法又能克腿法，腿法做功时，单腿支撑人体平衡的面积变小，有“起腿半边空”之说。因此，只要使用接腿摔就很容易将对方摔倒。拳法可以克腿法和摔法，因为，拳法速度快，工作距离短，在腿法、摔法动作启动时，拳法结合步法的调整可以快速地击打对方。

同样，短兵中的刺法可以破劈法也可以破点法，劈法可以破刺法也可以破点法，点法可以破刺法也可以破劈法。由此可见，散打的踢、打、摔，短兵的刺、劈、点等，本身就是一个互为循环、互为作用、互为制约的技法使用整体。在这个整体中，互相作用而衍生出来的无限的技巧，正是中国武术格斗技法博大精深的精华所在。然而，其他的一些人体格斗类运动项目，受单一技法的相对限制，失去了踢、打、摔，刺、劈、点等互为循环、互为作用、互为制约的客观条件，也就等于失去了各种技法相互作用的实用价值。

武术散打踢、打、摔，武术短兵刺、劈、点、撩等技法的综合使用，能在同一项目中发挥不同种类技法之间相生相克的机制，发挥格斗技法多样性的实用价值。通过技法综合运用的训练，可以培养运动员踢、打、摔、刺、劈、点等技法的操作转换能力，建立起合理使用有效技法的动力定型，建立起任何条件下都能发起进攻、反击和防守反击动作的条件反射能力。

三、技法的灵巧性

“以巧斗力”“以妙制拙”是武术格斗的精髓所在。武术格斗使用技法的理念，折射出来的伦理、精神都是以“巧妙”为核心，这与西方格斗术“以力斗力”“以力制力”形成了鲜明的对比。武术格斗如何保持自己的灵魂，如何贯彻自己的理念，这些内容在制定的竞赛规则中已有所体现。武术散打竞赛规则规定：头、躯干、下肢都是可以被进攻的得分部位；武术中踢、打、摔等方法都可以使用。同样，武术短兵在保证安全的前提下，使用的攻击方法和被攻击后可以得分的部位，已经达到了最大限度。

武术格斗运动项目竞赛规则的制定，为全面、整体地使用武术的技击方法提供了客观条件，武术技击方法的全面使用引出了动作技术含量大、空间范围大、动态变化大的状况。这种状况通过不同的技术动作组合表现出来，如拳法与拳法、拳法与腿法、拳法与摔法、腿法与腿法、腿法与摔法、摔法与摔法、刺法与劈法、刺法与点法、劈法与点法等，能够充分运用上与下、长与短、进与退、大与小、高与矮、远与近、快与慢的相互矛盾、相互转化的动态规律，进行无穷的变化，展现出技法使用的巧妙性。

“兵无常势，水无常形。”在武术格斗的比赛过程中，运动员什么时候发招，发出什么样的技法，自己用什么样的动作进行防守或反击，都没有固定的程式，要在对方动作变化的瞬间，临时选择相应的方法而克之，即所谓“伺机而行”。运动员动作选择得越准，进攻对方容易被攻击到的部位（薄弱环节）选择得就越准；动作与动作之间相克的对应关系越合理，技术表现得就越巧妙。运动员寻找战机、借用战机、制造战机、多抓战机、真真假假、虚虚实实，必然会呈现出随机而动、灵巧多变的技术特点。

在运用武术格斗技法的过程中，运动员应充分发挥动作与动作之间的时间差、空间差、距离差、支点差、力距差、重心差等，应充分利用人体运动性的原理、相生相克的原理，顺其力破之而为巧，避其力破之而为妙，逆其力破之而为拙。做到借力破力，借力打力，借用双方的合力，以最小的消耗，发挥最大的作用，达到“引进落空”“四两拨千斤”的效果。技法使用的灵活巧妙，不仅是武术格斗使用技法的最大特点，还是武术格斗技法使用追求的最高境界，也是表现中国武术格斗技术风格的一个重要标志。

通过对武术格斗技法使用特点的阐述与分析可以看出，武术格斗沿着武术技击本质特征的行为轨迹，按照人体徒手和器械格斗时的客观运动规律，按照竞技体育的各种要求，在保证安全和有利于裁判员评判的前提下，提供最大的空间来充分发挥武术的各种技法。“武术散打拳打脚踢外加摔，武术短兵快刺劲劈用力点”的所谓“大杂烩”，回归了武术技击技法的本来面目，翔实地表现了中国武术以相生相克、顺势借力、灵打巧取为核心的技艺性，表现了武术技击技法内容的完整性、实用的优越性、发招的巧妙性的特点。

武术格斗运动的技法原则

武术格斗运动包括散打、短兵、太极推手等项目，这些运动项目的技法原则主要有以下几点。

一、实用性原则

武术散打的技术体系是以“击中”“摔倒”或“防住”“抗住”等为目的来构建和应用的，与武术套路演练侧重追求美感所不同的是，武术散打更强调技术的实用性，以打击对手、保护自己为最根本的目的。一般来说，要实现技法的实用性，要求动作隐蔽、突然、简捷、顺达、奏效。

二、遵循力学原则

武术散打的技术方法，无论是进攻技术还是防守技术，都遵循一般的力学原则，这些原则主要体现在作用力与反作用力、力与加速度、力与杠杆作用等方面，这就要求进行技术教学训练时，要遵循这些力学规律。

三、全面发展身体原则

技法是技术的方法，而体能是技法应用的物质保证。应用技法的具体要求就是在不同情况下，巧妙而合理地利用所具备的各项身体素质，从而充分表现出最佳的应用价值。从另一方面来说，为了充分实现技术应用的价值，就要求全面地发展力量、速度、耐力、灵敏、柔韧等方面的素质。

四、竞技对抗性原则

武术散打作为一项格斗对抗性体育项目，也遵循着竞技对抗性的一般原则。竞技对抗性原则表明，按一定规律构成的有机整体的功能，并不取决于某个单独的要素，而是存在于相互联系、相互作用和相互制约的完整系统之中。这就决定了武术散打的技法要遵循攻防兼顾、相生相克，技法的最佳表现值，受规则制约等原则。

武术格斗运动的价值

与武术套路与功法运动不同，武术格斗运动具有很强的对抗性质，武术格斗运动的对抗性赋予其自身独特的运动价值。这些价值主要体现在对习练者自身方面及对武术整体发展方面。下面将分述武术格斗运动的价值。

一、有助于习练者提高防身自卫的能力

自卫防身是武术在不同的历史时期具有的共同特征之一。由于社会需求的不同，武术各种功能的体现程度也有所不同。但不论在任何时期，防身始终是武术不变的本质功能。武术格斗较其他武术运动形式，更为直观地体现着武术自卫防身的本质功能。作为直接运用武术攻防格斗方法的运动形式，其发展既关系着对武术技击方法的有效继承，也关系着武术防身功能的发挥。在现代社会，尽管武术的防身功能的运用范围受到了一定的局限，但仍有很大的发挥空间。武术格斗运动在部队和公安部门的开展，能有效提高部队战士和公安干警的实战技能，可为国防与公安建设服务，成为维护社会安定，保卫国家领土，维护民族利益的重要手段。除此之外，一般的武术习练者通过对武术格斗技术的学习，也可以有效提高个体的防身自卫能力，满足个人的安全需求。

二、有利于武术运动项目的均衡发展

由于受到“重文轻武”思想等诸多原因的影响，在很长的一段时间里，武术的攻防技击属性被掩盖起来，具有演练性质的武术套路作为主要的武术运动形式被传承和发展起来。演练性质的武术套路表现的是人体徒手和器械动作的技击意识和技击含义。因此，可以进行动作的艺术化加工，从而使具有较高观赏性的武术套路运动发展得轰轰烈烈，而不被重视的武术格斗运动的发展则相对滞后。但是，武术套路、武术格斗和武术功法三种运动形式共同构成了武术运动，虽然武术套路是承载武术文化的主体，但是武术套路并非武术的全部。因此，三种运动形式发展不平衡的问题严重影响着武术运动的发展。事实上，三种运动形式是相辅相成的，武术套路是演练性质的，武术格斗是对抗性质的，武术功法是功力性质的，不同的运动形式具有不同的表现性质，不可能都通过武术套路表现出来。因此，只有武术格斗、武术功法与武术套路之间的和谐均衡，才有利于促进武术运动项目的全面发展。

三、有助于加深对武术运动特性的全面认识

武术的本质属性是"技击"，因此即便是具有各种不同表现技巧、不同技术风格、不同流派特点的拳种，其动作的本质功能是用以攻防格斗。故而，武术格斗运动继承和发展了武术运动的特有属性，一方面加深了人们对武术本质的认识；另一方面通过对武术格斗动作基本技术规范的准确构建，加深了我们对武术不同表现形式存在不同技术风格特点的理解，以及对武术价值功能的合理判断等一系列问题的思考。所以，武术格斗运动的理论发展与实践探索有助于我们更加全面地认识武术运动。

思考题：

1. 简述武术格斗运动的定义。
2. 武术散打的基本技术与核心体能是什么？
3. 武术短兵的基本技术与核心素养是什么？
4. 太极推手的基本技术与核心体能是什么？
5. 中国式摔跤的基本技术有哪些？
6. 武术格斗运动有哪些特点？
7. 武术格斗运动应遵循的技法原则有哪些？
8. 试述武术格斗运动的价值。

第九讲

武术功法运动

武术功法运动是武术攻防格斗的基础，“练拳不练功，到老一场空”指出了武术功法运动的重要意义。武术功法运动是掌握套路或招法的前提条件，功法锻炼所获得的功力，也是武坛比试、较技的一种重要方式。基于武术功法是强身健体、提高技击能力、练就真功绝技的有效手段，历来为拳家们所重视，乃至一些功法成为秘而不传的绝技，被蒙上了神秘的色彩。那么，武术功法运动到底是什么？它的价值何在？这一讲我们将对这些问题给予解释，以期对武术功法运动形成客观、正确的认识。

武术功法运动的定义

武术功法运动是以提高身体某一运动素质或锻炼某一特殊技能为目的的练功方法。功法是武术运动的形式之一，具有健身、养生、护身、增强技击能力的作用。武术功法运动的目的是掌握和提高武术套路及散打技术训练水平，提高击打能力，挖掘武技所需要的人体潜能。

武术功法运动的内容与分类

从武术功法的内容来看，武术功法的特征表现为全面性与专一性相结合。全面性是指武术功法运动体系包含着广博的内容，包罗着对全身各部位进行锻炼的方法。专一性是指每一种具体的功法练习方法是专门用于提高某一特定能力的练习方法。武术功法按照不同的标准，可以进行不同的分类。

传统的武术功法分类，主要以身体各部分或整体的锻炼效果为标准。按照锻炼效果可将武术功法分为以下几类（表 1）。

表 1　武术功法按锻炼效果分类

分类	项目
柔功	肩部柔功、腕部柔功、胸背部柔功、腰部柔功、腿部柔功、足踝部柔功
内功	桩功、坐功、八段锦、易筋经等
轻功	跑桩功、走砖功、跑缸边功、飞行功等
硬功	拔桩功、石锁功、铁头功、排打功等
感知功	观日功、夜视功、闪沙包功、听彩条功等

一、武术柔功

武术柔功是指锻炼肢体关节活动幅度和肌肉舒缩能力，提高柔韧性的武术功法。在武术运动中，不论是要达到一定的拳式规格，表现一定的运动幅度、速度和力度，还是要在对搏时击中对手和闪避对方的攻击，都直接受肢体关节活动幅度的大小、肌肉舒缩能力优劣的影响。因此，柔韧素质是习武者最基本的体能之一。

柔功的内容主要包括肩部柔功、腕部柔功、胸背部柔功、腰部柔功、腿部柔功和足踝部柔功。柔功的锻炼形式有静压和动转两类。静压又分为以自身内力进行练习的“主动压”和借助外力进行的“被动压”。动转是肢体以某关节为轴进行的屈伸、收展或绕环的运动。柔功练习中，静压和动转两种运动形式缺一不可，相辅相成方能获得柔功练习的最佳效果。

二、武术内功

内功是武术运动中，采用以意领气、以气运身、以身发力为基本锻炼手段的一种内外兼修的方法。它的目的在于锻炼人体运动时意、气、劲、形四者一动俱动、一到俱到、一止俱止的能力。通过武术内功锻炼，可以获得内壮外勇、内外合一及激发人体潜能的效果。

内功的练习又可以分为静功与动功两类。静功以桩功为主，包括打坐、浑元桩、养生桩、三体式等，动功以肢体导引为主，如八段锦、易筋经、太极筑基功等。

三、武术轻功

武术轻功是指以步履轻快、纵跳自如，以及攀高走脊为锻炼目的的武术功法。轻功训练主要是通过逐步增加跳跃的高度、身负重物，如沙袋、铅衣等，以及减少载负体重的支持力等多种手段，提高训练难度，增进自身的力量、速度和平衡能力，促进发挥人体潜能。

传统的轻功功法有跑桩功、走砖功、梅花桩功、跑缸边功、跑簸箩功、飞行功、跳坑功、跑板功等。

四、武术硬功

武术硬功是指增强身体抗击能力和攻击力度的武术功法。硬功的种目有许多，大致可分为抗击类和增力类。抗击类包括锻炼局部的铁砂掌、铁头功等，亦有锻炼全身的排打功、金钟罩等功法；增力类包括增强指力和臂力的上罐功、拧棒功等，增强腿力的石柱功等。硬功以内部的意气锻炼和外部的撞击操习相结合。其内练注重以意领气、意到气到、气到力发，在意识的支配下，提高将全身的劲力集中从肢体随意部位发放出去的能力。其外练注重增强肌肤的结实和承受反作用力的能力。这种内外结合的练习，能使人体锻炼成“无一处惧打，亦无一处不打人”的所谓“金刚之体”。

武术硬功功法颇多，常见的有掌旋球功、推山掌功、合盘掌功、抓绷子功、抓圆锥功、拔桩功、锁指功、拈捻功、拈悬功、点石功、一指禅功、卷棒功、拧棒功、上罐功、麻辫功、揉球功、铁牛耕地功、蜈蚣跳功、打狗皮袋功、吊袋功、石锁功、石柱功、铁头功、抵棍功、螳螂功、摩擦功、戳插功、滚铁棒功、双锁功、霸王肘功、靠臂功、拍靠功、搂贴撞靠功、木人功、排打功、金钟罩功、铁膝功、踢跟功、踢桩功、扫桩功等。

五、武术感知功

武术感知功是提高眼睛、耳朵和皮肤等感官感知能力的武术功法，主要包括眼功、耳功和皮肤感知功等。

武术眼功是指保养视力及发掘视机能和非视觉“视”（感知）物潜能的武术感知功。按其训练形式，眼功锻炼可分为静态视静物、静态观变动、动态视静物、动态观变动等四类。眼功功法有闭旋开定功、夜视功、观日功、不瞬功、看彩条功、点棉球功、宁神观变功、滑步辨招功、运眸功、易筋经目功、“吐”“嘘”养眼功、拉耳明目功等。

武术耳功是指保养听力及发掘听觉机能和非听觉“听”（感知）辨潜能的武术感知功。耳功功法有闻钱鸣功、听彩条功、闪沙包功、营治城郭功、左顾右盼功、掩启耳门功、鸣天鼓功等。

武术功法运动的特点

武术功法运动在长期的发展过程中，在锻炼目的、练习内容、练习方式和练习方法上逐步形成了与武术套路和武术格斗不同的特点。

一、实用性

技击是武术的核心本质，武术功法练习的主旨就是为了提高技击能力、实战对抗中收获预定的技击效果。技击能力是对抗过程中所展示的速度、力量、灵敏性、准确度、击打硬度等的综合作用。拳谚中的“千招会不如一招精”“千招千有解，万招万有解，一快无招解”“一力降十会”等都说明了在实战对抗过程中功力深厚的优势。速度足够快、准，即做到先发制人，即使后发制人也能百发百中；各关节活动范围足够大，就可以在极限角度实施攻击或化险为夷；练就一副铁拳，在击打对手之后即可一招制敌；等等。上述都是进行有效功力练习并获得一定功夫之后，在实战对抗中实现的良好技击效果。毋庸置疑，从事武术功法训练即可不同程度地实现上述的技击效果。

二、针对性

武术功法锻炼的目的是为了提高某一特殊能力，锻炼目的专一明确。有些武术功法是以某一部位的单一技术练习来提高专一部位的特殊能力。每一功法都有十分明确的训练目的。功法动作应与训练目的相统一，例如，头部功法的目的在于增大颈椎活动幅度，加强颈项部的柔韧性、灵活性、稳定性和力量；增加肩部活动幅度；提升臂部抗击打能力；提高应变能力等。因此，根据所需要的能力进行有效训练，可以快速提高其部位的功能，如腰功练习是通过伸腰、俯腰、屈腰、吊腰、转腰、甩腰、涮腰、翻腰等练习，来提高腰部的柔韧性，增加腰部的活动范围，达到“以腰为轴”“主宰于腰”的目的。还有些武术功法以少量简单的技术动作编组成串，既可单式练习也可成套练习。这类功法主要以内功练习方法为主，其目的是为了强健筋骨，提高内脏器官的功能。如八段锦的八个动作（两手托天理三焦，左右开弓似射雕，调理脾胃单臂举，五劳七伤往后瞧，摇头摆尾去心火，两手攀足固肾腰，攒拳怒目增气力，背后七颠百病消），可以单式进行训练，也可成套进行练习。无论单式还是成套的武术功法练习，均是为了提高某一专门的体能或技能，具有明确的针对性。

三、竞技性

武术习练过程中，较技、比试比的都是功力。一些拳家、名手常常以显示功力的方式，达到不战而降服对手的目的。不仅民间较艺比试的是功力，作为国家选拔武职官员的武举考试，比试的也是功力。奥运会比赛项目大多是某一专门的单一动作或单一形式进行“更快、更高、更强”的比赛，这些很像武术运动中为提高某一专门能力而采用的功法。如果从武术功法中选择一些内容作为比赛项目，其可比性、观赏性并不亚于奥运会竞赛项目。例如，武术功法中的单掌断砖。武术功法在比力量、比速度、比柔韧、比稳定、比准确、比技巧、比难美、比格斗等方面具有突出的竞技价值和广阔的前景。

四、观赏性

武术功法内容丰富、形式多样，包括各种专项素质都可单独展示。基本功的基本动作可单练、对练，如单掌断砖、悬空断板等单人竞赛项目所击断的硬度、数量使人惊奇；桩上徒搏、长杆较力等双人项目竞争的激烈性、技术方法运用的巧妙性、胜负的不可预测性都会给观赏者以巨大悬念和愉悦感，具有较高的观赏价值。

五、适应性

武术功法具有广泛的适应性。功法的内容和练习形式是丰富多样的，既有内功修炼，也有外功修炼，还有与其相适应的各种练功方法。相同的功法习练既有幼、少、青、而立、不惑、知天命、花甲、古稀、耄耋之年之分，又有春、夏、秋、冬之别。不同的功夫有不同的动作结构、技术要求、运动风格和运动量，分别适应人们不同年龄、性别、体质的需求，人们可以根据自己的条件和兴趣爱好有选择地进行练习。同时，它对场地、器材的要求较低，素有“功练落脚之隅，拳打卧牛之地，艺舞械长之所”之说。练习者可以根据场地的大小变化练习内容和方式，即使一时没有器械，也可以徒手练拳、练功。从锻炼身体的角度来说，功法不受时间、地点的限制，而且运动效应高于、快于其他体育运动项目，具有更为广泛的适应性。武术能在民间经久不衰，与武术功法的这一特点不无关系，利用这一特点可以为现代群众性体育活动提供方便，使武术进一步社会化。

武术功法运动的技法原则

武术功法训练原则是武术功法训练必须遵循的基本准则，是历代武术人对功法训练实践经验的概括和总结，反映了功法训练过程的客观规律。不遵循一定的练功原则，就无法达到理想的功力，甚至还会对身体造成伤害。

一、内外兼修

武术功法坚持“内外兼修”的训练原则，即武术功法训练既注重外练，又强调内练。“外练”即针对由人体的骨骼、骨骼肌、关节组成的运动系统及各种身体动作的训练；“内练”则是通过外练对运动系统进行锻炼，进而锻炼人体内部的五脏六腑和精神结构。武术功法训练讲求“外练筋骨皮，内练一口气”。强调“练有形者（外），为无形之佐；培无形者为有形之辅”，通过这种内外兼练、壮内强外的训练，可使练功者获得全面发展。武术功法训练中的内练与外练相结合，正是为了使人体的物质基础和功能相适应，使阴阳平和，身体内外平衡，从而达到“形神相亲，表里俱济”的目的。

论及“内外兼修”，就离不开“形神兼备”。“外”和“形”在这里是指外在的、具体的运动形式；“内”和“神”是指内在的、心理的、精神的内容。在武术功法中，人们身体的运动方式构成“形”，而通过“形”展示主体的精神面貌，就是内在的“神”。拳谚说“练时无人似有人”，意思就是，虽然是在练功，面前并无实际的对手，但为了练出具有技击实用价值的功力，也要像有对手一样进行练习。

二、练养结合

在道家养生文化和传统医学文化的影响下，武术功法训练特别注重对身体的修养，强调“练养结合”。“练养结合”原则是指在“练功修身”主体思想的指导下，强调在练功消耗体能的同时要通过各种养生手段来恢复和强化体能。程大力先生在《中国武术：历史与文化》中记述了一段往年随民间武术家练功的回忆：练至排打与披手时，老师便单独向徒弟传授方法，具体步骤是先练本门内功“铺底”，再全身上下细细按摩，然后再增加重量轻轻拍打全身，同时还要服用和浸泡特制的中药。

武术功法训练理论特别注重训练过程中“养”的意义和作用，无论是从一次性训练还是长期训练来看，都体现了这一原则。“养”体现在两个方面：一是养气，二是养心。关于养气对于练功的重要性，少林妙兴大师曾说：“练功习技，首先养气，气沛则神完，神完则力足，力足则百体舒泰而筋骨强健，心灵性巧。”循此法修炼方能达到“利欲不能侵，荣辱不能动，威武不能屈，风雨寒暑不能蚀，一切邪魔不能贼”的至臻境地。武术功法中旨在提高抗击打能力的各类硬功夫训练，以“无不内脏坚实、气沛体充”为基础，否则，“纵使日习不辍，非但不易望其有成，抑且因此受其贼害”。

养主要是通过静心用意的心理调节手段来获得身心的平衡发展。修心不仅是追求个人涵养的路径，也是获得技击功力的关键，正如妙兴大师所言：“练功习技者，宜先了解于此，然后可以有成。”这也符合传统武术“内圣外王”的价值追求。

三、持之以恒

武谚云：“劲以积日而有益，功以久练而后成”；“一日练一日功，一日不练十日空”。武术功法的目标追求和训练方式，决定了脱化神明的高深境界绝对不可能在短期内达到，正所谓“苦恒出高手”。当代武术家王子平先生曾言：“要练好武功，主要靠自己持之以恒地锻炼，另外还要虚心观摩学习旁人的长处，取长补短，这样就能达到功力精湛的地步。”实际上，功法所修炼的对象——“功夫”二字本身就包含着“时间积累”的含义，习武练功，有不成功者，十有八九是因为没有做到持之以恒。若能有恒，无论其所练为外功或内功，都应三年小成，十年大成，必不使人毫无所得，废然而返。

四、体用兼备

练之为体，行之于用。思想家以“体”指事物的形质、本体，以“用”指事物的功用、属性。一定的“体”就具备一定的“用”。离开“体”，“用”就不存在了。清末形意拳家刘奇兰曾说：“形意拳术之道，体用莫分，自己练者为体，行之于彼为用。”此言可视为对传统哲学中“体用”观的实践诠释。武术功法训练也遵循“体用兼备”这一原则，练要紧紧围绕着用。武术功法训练中的体和用，主要表象有相似与相应两种。相似，即功法的动作练习要与实战动作相似；相应，即功法的动作练习要与实战动作相应。功法练习动作形式与实战技击动作形式相似还是相应，皆反映功法训练中对体用关系的关注与运用。“知”与“行”代表儒家文化，探讨的是“理论”与“实践”的相对关系。一般来说，“知”是标志主观性的范畴，“行”则是主观见之于客观、标志人的外在行为的范畴。“知行合一”的武术功法在训练中体现为“学以致用”“切合实用”。《少林拳术秘诀》有言：“练习之道，又在乎得法不得法，不可忽略轻视也。”少林拳术秘诀强调“知”虽重要，但关键还要看“行”，“知而能行，方为真知”。

五、因人而异

功法训练手段是针对提高人体各种机能和素质水平而设计和编制的，坚持长期系统的功法训练可全面增强人的体能与健康水平。如通过柔功练习，可有效提高关节活动幅度和肌肉伸展度；通过硬功练习，可强筋壮骨，增加力量；通过轻功练习，可有效提高身体协调性和平衡能力。少年、青年、老年、体弱者等不同人群都可以练习武术功法，因此功法的练习也要根据不同的人制定不同的练习强度。如硬功的练习，对少年、老年、身体素质较弱的人应选择强度较低的功法，不能选择强度较大的，强度过大不仅不能起到锻炼身体的效果，反而会对身体造成伤害。

六、循序渐进

武术功法运动的教学与训练要循序渐进，即逐渐增加训练负荷，使习练者逐渐适应训练负荷，不断提高机体的竞技能力。而功法运动中单掌断砖、悬空断物是传统功法中功力较为突出的项目，并且对技术和功力要求较高，训练时一定要科学合理，不可冒进，否则很容易导致病变出现，应特别注意。另外，根据运动条件反射的建立和巩固规律，复杂的条件反射只能建立在简单的条件反射的基础之上。因此，武术功法教学与训练过程中动作技能的学习安排必须遵循循序渐进的原则。

武术功法运动的价值

武术功法运动因其特殊的运动功效，越来越受到人们的重视和喜爱。在当下，武术功法运动更是表现出丰富多样的价值。

一、为有效学习掌握套路、格斗运动技术提供了保障

学习套路运动之初，练习者练习的是基本功和基本动作，包括基本拳法、腿法、腰功等技术；学习格斗运动之初，练习者练习的内容仍为基本功和基本动作，包括基本拳法、腿法等技术以及基本体能或者专门身体素质的练习。上述所有套路与格斗的初始练习内容均可称为武术功法练习内容。因此，功法、套路、格斗构成了武术有机的整体，三者之间既具有相对的独立性，同时还具有紧密的联系。从学习训练的角度而言，武术功法练习既是套路和格斗训练的基本形式，也是一种基本手段。就运动实践而言，套路练习之始不是以套路形式出现的，格斗练习之初也不是以格斗形式展开的，其二者练习的最初“入口”均为武术功法练习。因此，可以说，武术功法是套路和格斗练习的基础，为有效学习掌握套路、格斗运动的技术提供了保障。

二、能够巩固并逐渐提高武术技能

武术功法运动和套路、格斗运动三者是有机的整体。一些武术功法动作直接来源于技击动作，如站桩功中的骑马桩、三体式，通背拳练肩部柔韧性和劲力通透性的抡劈、引手等功法。还有一些功法练习具有明确的针对性，为提高击打和抗击打能力服务，如硬功中的排打功、打沙袋等。这些功法运动，能够有效增强人体的柔韧、速度、力量、灵敏、耐力等素质，直接或间接服务于技击，一方面促进套路演练水平的提高，另一方面提高了实战格斗能力。

另外，武术功法运动凭借其针对性强的特点，只要精练一招或数招，也可以达到提高武术技能的效果。许多习武人士正是将格斗招法或套路中的某些动作作为专练内容，通过提高体能，从而提高套路演练或格斗技能，在实战中出奇制胜。如郭云深以“半步崩拳”打遍天下，显示了招熟的重要性；李小龙创立了以武术功法为主要内容的截拳道体系，成了一代武术名家。

综上所述，无论是通过提高体能间接服务于套路或格斗的武术功法，还是通过提高技能直接服务于套路或格斗的武术功法，均是巩固并提高武术技能的一种基本手段。

三、展现武术技艺高低的重要形式

在古代，当一方恶霸在光天化日之下欺侮百姓，武术人手拍石板愤怒而起时，匪人看到石板出现的一道道裂痕自然望而却步；在文明的现代社会，我们很少看到对抗的场景，但看到一手之二指将身体举起之际，这种武术功力已经充分让我们信服。武术在中国传统文化的滋养和儒家思想的影响之下，形成了独特的文化个性和礼仪规范，遵循着“仁、义、礼、智、信、勇”等信条，尤其在中华武德“未学艺先学礼，未习武先习德”的教导下，武术人在技击对抗及社会实践活动中表现出一种谦逊和蔼、为人善良的优秀品质和高尚的道德情操。因此，在诸多场合武术人不是通过直接对抗的形式来展现自己所拥有的高深武艺，而是通过非常含蓄的武术功力的形式来间接表达自己掌握的勇武过人的武术技艺。当然，武术功力展现的武艺只是武术技能的一种形式，并不能以此来代替武术的全部，但却能从一个侧面反映武艺的高低。

四、具有中国特色的开发人体潜能的有效方法

武术功法作为增强人体功能能力的有效手段，从某一层面而言是对人体潜能的一种开发。例如，一根手指究竟有多大的力量，能否支撑起自己的身体？当人体被石板重压时受铁锤重击，石板破碎而身体无恙，我们是否思考过人体及脏器究竟能够承受多大的重量和撞击呢？所有这些让人不敢想象的人体潜能，武术功力不仅将其转变为现实，而且在不断地训练与研究过程中，武术功力练习者一次次对人体潜能发起了挑战。武术功法运动是在中医理论的指导思想影响下，对人体潜能开发的一种实践，是中国智慧的体现。其与西方体能锻炼有着本质的区别，体现了“和谐”的思想，同时具有了健身养生的功效，是中国为世界健身文化奉献的珍宝。

思考题：

1. 概述武术功法运动的定义。
2. 简述武术柔功的锻炼目的。
3. 什么是武术内功？
4. 谈谈武术硬功锻炼的功效。
5. 什么是武术轻功？
6. 什么是武术感知功？
7. 论述武术功法运动的特点。
8. 论述武术功法运动练习应遵循的原则。
9. 简述武术功法运动的价值。

第十讲
武术教学

孔子学院是我国推广汉语和宣传中国文化的重要渠道，孔子学院武术教学的开展有利于与世界人民分享我国优秀的传统文化，增进世界各国对我国优秀传统文化的理解与文化交流。为使孔子学院的武术课程更加系统化和规范化，促进武术在孔子学院的发展，本讲以构建孔子学院特色武术教学体系为出发点，从分析孔子学院武术教学的目的和任务入手，探讨孔子学院武术教学的特点和基本原则，进而阐释武术教师、学生、武术教学内容、武术教学方法以及武术教学评价等要素的具体要求与相关内涵。

武术教学的目的

武术教学是教师的教和学生的学互动的活动，对于教与学的双方都是自觉且有目的的。武术教学的目的决定了武术教学的任务，只有完成具体的教学任务，才能保证顺利地实现武术教学的目的。在进行武术教学活动之前，教师所能达到的目的在观念层面是有一定预期的，开展武术教学活动不是随意的，只有引起学生身心发生预期的变化，教学的目的才能得以实现。

武术作为中国的传统体育运动，其主要目的是教授给学生武术运动技能。而由于武术运动对身心的锻炼与提升，其可以达到促进学生全面发展的目的，即身心的统一、协调的发展。一方面，学生的身体机能得到锻炼趋向于成熟；另一方面，武术讲求对道德的规范，对心理品质的提升，因此学生心理方面也会得到发展。

武术作为一种中国特有的文化表现形式，其在孔子学院开展的主要目的是向学生传播中国特有的文化精神。将武术中内藏的中国文化精神传递给世界人民，让世界人民认识中国，才能够促进中国与世界文化的融合发展。武术内容丰富，既包括人体格斗技能与技巧、各具特色的多类拳种，又将中国传统哲学思想、伦理道德、古代军事学思想、传统美学思想、传统医学思想等作为其理论基础。武术将中国传统文化融入技术与动作中，在习练者习拳练功的同时可以逐渐领会中国的传统文化。

基于武术同时具有运动和文化的特性，武术教学的目的也就具有了不同层级的需求。因此，有组织、有计划、系统地向学生传授相关的武术知识、武术技术、武术文化，才能使学生通过对武术技术动作的学习掌握这项中国传统运动，促进身心协调发展，进而通过对武术技术所包含的武术理论和文化的学习了解中国文化。

武术教学的任务

一、传授武术基本技术、基本技能和基本知识

身体的参与性是武术教学的特点之一，也就是说，掌握武术的基本技术、基本技能，不断地反复练习以达到技艺娴熟是武术教学的根本目的。这也是武术教学与孔子学院其他课程教学的区别所在。武术基本技术是指武术中最主要、最常用的基础技术。武术基本技能是指必须掌握的武术运动能力。武术运动技术与武术运动技能是两个不同层次的概念。学习武术运动技术是提高武术运动技能的基础，武术运动技能的形成和运用是武术运动技术的内化和提升。在武术教学过程中，学生掌握了武术基本技术，则获得了武术基本技能。同时，武术作为一种文化产物，其自身在中国传统文化的熏染下形成了极具特色的理论体系，然而这些理论因为其具有浓厚的中华文化基因，因此不容易被孔子学院的学生所理解，这就需要在日复一日对武术基本技术的学习以及武术技能稳步提升的过程中，逐渐揭开武术理论的面纱。孔子学院多年来的武术教学实践也表明这一点，即武术技术、武术技能和武术理论教学缺一不可，并且需要根据孔子学院学生的特点灵活地将三者结合起来进行教学，才能完成教学任务，保证教学质量。

二、促进学生身心协调发展

作为一项身体教育，武术教学理应肩负起促进学生身心协调发展的任务。提高学生的身体素质，增强学生体质，使他们掌握一定的运动技能和锻炼身体的方法。因而，在完成传授武术技术、技能及基本理论知识的基础上，增强学生身体素质与心理健康就是武术教学的第二项任务。增强学生身体素质的任务需要武术教师准确地把握武术技术与学生体质之间的关系，武术技术水平的提升不能等同于学生体质的增强，因此在增强学生体质的任务驱使下，教师需要选择一些适合学生身心发展规律，并且便于在孔子学院教学的武术内容作为锻炼手段来增强学生的体质。另外，武术运动作为一项中国特色的传统运动项目，具有修身养性的特点，肩负着发展学生心理健康的任务。中国伦理规范是渗透在武术文化中的重要思想内涵，中国是礼仪之邦，通过武术教学培养学生尊敬师长、和善友爱等道德品质是其独特的任务之一。特别是在习武过程中的道德养成、礼仪教化等有助于学生道德修养水平的提升。习练武术是一项磨练意志的运动，可以培养学生敢于面对困难的精神，培养学生勇往直前、奋勇拼搏的精神和气魄。

三、展现中国文化魅力

作为武术文化推广和传播的重要基地，孔子学院在世界范围内所进行的武术文化传播旨在加强文化交流，增进友谊。作为孔子学院独具特色的文化传播内容，展现中国文化魅力是孔子学院武术教学的第三项任务。武术具有良好的文化传播价值，孔子学院武术教学应努力成为全球文化品牌，为加强世界人民的文化交流服务。

武术教学的特点

武术教学具有体育教学的共性特点，即教师有目的、有计划地向学生传授武术知识、技术与技能，使学生通过理论知识学习，以及身体的反复练习与思维活动相结合，逐步掌握武术知识、技术与技能，达到增强体质、磨练意志的目的。除此之外，武术教学自身的特殊性还体现在以下几个方面。

一、重视武德教育

武术教学非常重视对学生进行道德教化，而道德教化的有效途径便是礼仪。中国自古以来就是礼仪之邦，中国传统文化中蕴含着丰富的礼仪文化，中国人行走坐卧处处讲规范，不合规矩的事情不做，这种重视道德伦理规范的文化基因也深深地植根于武术文化中。因此，对习武者的首要要求不是身体素质而是是否明事理、有礼数。同时，这也作为武术教学的特点融入教学活动之中。武德教育是武术教学所特有的，而武德教育的抓手就是武术礼仪实践。具体包括手德、口德与公德。注重手德，即要求习武者不能以武力伤害他人；讲求口德，即习武者不能以语言攻击他人；讲公德，即习武者不能做有损于社会公德的事情。除此之外，在日常教学、训练、比赛等活动中都对习武者的礼仪规范提出了严格的要求，以达到逐渐将行为层面的礼仪内化为心理层面的道德情感，以逐渐引导学生养成勤学好问、谦虚礼让、吃苦耐劳、坚忍顽强的学风与作风。武术教学还特别重视习练者吃苦耐劳、持之以恒的精神，因为只有具备了这种精神才能承受武术锻炼的辛苦和磨练。因而对于习练者而言，通过习练武术，既能收到强健体魄的效果，还能达到磨练意志品质的目的，并且培养了习武者“自强不息”的奋斗精神。

二、注重口传身授

武术运动具有形态丰富的武术动作和变幻莫测的路线方向，每个动作又能变换出攻、防、格、斗不同的含义，有的武术拳种更是在动作之间的衔接上灵活多变，节奏紧凑，由于武术运动的这些特点，使武术教学非常注重教师的直观演示。武术的技术与技能习练具有很强的缄默知识属性，也就是说，武术技术的教授是需要教师自身在长期的实践过程中形成的经验总结来引导的，教师只有在日复一日的练习中逐渐领会，形成独特的身体运动技能处理方式，才能将武术技术中“说不清，道不明”的技术内容传授给学生。首先，要求教师自身应具有深刻的体会；其次，武术教学的身体参与性要求武术教师必须通过自己的演练将动作技术展示给学生，并将自我习练的心得讲给学生，只有这样学生才能高效率、高质量地掌握武术技术。因此，教师的口传身授是武术教学的又一特有属性。

三、强调攻防技法

武术运动是具有攻防含义的运动。因此，就引出了武术教学另一个重要的特点，即武术动作不是随意的，武术动作的衔接、路线方向的设计与变化也都具有攻防含义。所以，武术教学具有很强的情景性特征。为使学生更好地理解武术动作的攻防用法，教师需要给学生设定一定的情景，情景的设置可以十分形象地展示其实践应用中的操作方式或者方法。例如，在武术套路教学中，教师必须抓住不同拳种的技击特点，设置不同的攻防情景，以便对动作进行分析，讲解与示范每一式动作的攻防意义，示范动作的攻防用法，加深学生对攻防动作的理解。在武术格斗教学中，教师同样要重视动作的攻防实用性，避免技术练习与格斗实战脱节，要注意通过讲解与示范引导学生仔细体会每一个技术动作在实战中的不同用法，以提高动作的实效性。教师通过攻防结合用法所进行的讲解示范，不仅有利于学生掌握正确的技术动作，还能培养其攻防意识，更能提高学生学习武术的兴趣。

四、讲求身体感悟

直觉感悟是中国文化特有的思维方式，根植于中国传统文化的武术同样具有这一特征。武术作为一种身体文化，以其各式各样的技术动作承载着中国文化的内核，而中国文化特征也通过各式各样的动作得以体现。所以，对武术技术动作身体感悟是武术教学的重要特点。正所谓“光说不练假把式”，这一点在武术教学中体现得尤为突出。无论是武术套路还是武术格斗，其动作的学习都需要亲身实践，并且在不断实践中摸索其中的真谛。从学生学习的角度来讲，教师的口传身授只是学生掌握武术技术动作的前提，学生只有通过反复地练习，不断地以身体感知技术动作，才能逐步提高身体的感知能力，从而达到熟练掌握技术动作的目的。如果学生仅想象武术技术动作，而不进行身体实践，掌握武术技术动作将成为“纸上谈兵”。因此，武术非常讲求身体感悟，必须通过身体的直接感悟，才能合理认知和正确掌握武术技术动作。

武术教学的原则

根据武术运动的特点以及武术教学的目的和任务，武术教学活动需要遵循一定的规律，也就是武术教学的原则。

一、明晰攻防，注意安全

武术是一项具有显著的攻防格斗价值的运动项目，因此在武术教学中要突出武术运动的这一特征。教学活动的展开应建立在对本质特征的把握上。武术教学除了使学生掌握武术的基本动作外，还要通过教师的拆招、喂招等方法，让学生明确每一个武术动作在攻防实战中的应用价值。明确动作的攻防用法，有助于学生掌握动作规格、劲力、节奏，也展现了武术的风格特点，但是攻防用法具有一定的危险性，在教学过程中，教师要时刻注意掌控攻防动作练习的度，将安全意识和保护措施贯穿于武术教学始终，防止出现意外伤害事故，确保学生安全地学好、练好武术。

二、个性指导，因材施教

武术教学强调身体的参与性，然而每一个学生的身体素质是不同的，具有差异性。武术运动对学生的身体素质有一定的要求，但是需要注意的是，不同的学生在运动能力、学习反馈能力、协调平衡能力、动作的韵律感等方面是有差异的，不是所有的学生都能在同一时间内完成同样的教学任务、达到一样的学习效果。在武术教学中，要遵循因材施教的原则，在兼顾全体的前提下，充分考虑学生的个体差异，如此才能提高整体的教学质量。

三、寓教于乐，激发兴趣

兴趣是最好的老师，是激发学生求知欲的内在动力。孔子说过：“知之者不如好之者，好之者不如乐之者。”对武术学习的兴趣可以有助于学生更好地学习武术，提高武术教学的效率，实现武术教学的目的。武术教学要遵循“寓教于乐”的原则，用新颖、形象、生动、简练的教学语言讲述武术动作路线，用正确的、优美的动作演示武术动作，用情景设定的方法给予学生生动的学习体验，以此激起学生学习武术的愉悦之情、喜爱之心，进而实现让学生主动参与武术学习的目的。

四、逐层深入，循序渐进

人们从感知事物到认知事物是一个由简单到复杂、由直观到抽象的渐进式过程。因此，要使学生学会复杂的武术套路动作，教师必须要尊重运动技能形成的基本规律，遵循人类的认知规律来设计教学计划，安排教学内容。从最基本的手形、步形、手法、步法及单式动作入手，再到动作组合的连贯、协调。由简到繁、由易到难、由浅到深、由慢到快，按部就班，循序渐进，逐渐增加学生的武术技能和理论知识的储备，从最基本的技术路线、步形等最简单易学的基础开始教学，再逐步过渡到技击方法及形神兼备的训练，如此逐层深入地开展教学，才能改变武术“学得慢，忘得快”的现象。

武术教学的要素

武术教学的要素是构成武术教学活动的基本单元，是武术教学活动必不可少的组成部分，影响着武术教学活动的变化与发展。结合孔子学院武术教学实践，可将武术教学要素分为武术教师、学生、武术教学内容、武术教学方法和武术教学评价五个方面。

一、武术教师

战国末期，《荀子·大略》中曾指出：“国将兴，必贵师而重傅；贵师而重傅，则法度存。国将衰，必贱师而轻傅；贱师而轻傅，则人有快，人有快则法度坏。”唐代韩愈在《师说》中有句名言：“师者，所以传道、授业、解惑也。”现代意义上的教师，是指受过专门教育和训练的，在学校向学生传递人类科学文化知识和技能的一类人。武术教师由于学科特性，还肩负着增强学生的体质，对学生进行思想道德教育，培养学生高尚的审美情趣等任务。武术教师在教学过程中充当着设计者与指导者的角色，是武术教学的组织者与具体实施者，在武术教学中占据主导地位，武术教学质量的优劣与教师的执教水平有着极为密切的联系。作为一名合格的武术教师应具备以下四个方面的条件。

一是要有良好的武德修养。“为师之道，端品为先，学高为师，身正为范。”陶行知先生用短短十六个字道出了“师范”二字的真谛。武术教学要求武术教师无论在任何方面都要起模范带头作用。此外，武术注重尚武崇德精神的培养，这就要求武术教师首先具有武德精神，才能言行一致，起到表率作用。

二是要有精湛的武术技艺。专业武术技能的掌握是武术教师征服学生的有力工具。精湛的武术技艺的展现有助于激发学生的学习兴趣。学生具有很强的向师性特征，教师拥有精湛的武术技艺，能规范与准确地进行动作示范，可以在学生中树立榜样形象，有助于武术教学活动的顺利开展。

三是具有丰富的理论知识。包括武术技术与理论知识。武术理论是以中华文化为理论基础，要理解并教授给学生武术文化知识，就需要武术教师具有深厚的文化底蕴，熟悉中国传统文化常识，基本运动知识，并能将武术动作与技术中蕴含的中国文化内涵加以理解并深入到教学实践中。因此，只有具备丰富的传统文化与武术专业理论知识，才能将武术技术教学与理论知识传授紧密地结合起来，才能彰显武术教学的特点。除此之外，还需要具备跨文化教学的基本能力。

四是具有主动的创新意识。面对孔子学院的学生，武术这一具有浓郁东方色彩的身体文化项目必须“因地制宜”，进行合理化转型，以适应不同文化背景的学生学习和理解其内涵。这需要教师在教学过程中辩证地对待武术文化的精华与糟粕，主动树立创新意识，积极传播武术文化，敢于合理地突破陈规，让武术文化焕发蓬勃生机。

二、学生

学生是学习活动的主体，是教师传道、授业的对象，在教学活动中处于中心地位。教师教学效果的优劣，其评价结果最终要落实到学生的学习所得上。学生与教师是武术教学活动相辅相成的两个方面，缺少任何一方，武术教学都无法实施。学生是具有积极主动性的个体，在武术教师的引导下，需要学生发挥主观能动性，积极地融入学习武术的过程中，只有学生的积极配合才能实现良好的教学效果。作为学生要努力做到以下三点要求。

第一，尊敬师长。拳谚曰：“徒弟技艺高，莫忘师父劳。”学生的成长与进步，离不开老师的培养，学生要怀着一颗感恩之心尊师、敬师。在具体的教学活动中，学生既要在礼节上尊重老师，更要积极主动地配合老师完成教学任务。

第二，团结同学。在某种意义上，学生之间的相互帮助有时比教师的指导更易于接受。学生之间只有相互尊重，才能在和谐的氛围中相互学习，相互促进，共同进步。武术教学中的对打、拆招或者集体练习，都需要学生之间的相互配合，是培养学生团结协作精神的有效手段。并且，对于不同文化背景的学生而言，团队精神的培养对其具有重要价值。

第三，勤学苦练。到少林寺参观的游客，每每看到千佛殿内砖铺地面上深陷的脚印，无不为武僧们勤奋苦练的精神所感动。少林功夫的歌诀也说明了这一点："七十二艺须苦练，春夏秋冬不休闲；每天练习数百遍，持恒定然成好汉。""怕吃苦，莫练武。"要练武，莫怕苦，只有勤学苦练，付出艰辛的努力，才能在武学的道路上不断攀升。在刻苦训练的同时，学生还要开动脑筋，多思考、多总结，这样才能取得良好的训练效果。

三、武术教学内容

武术教学内容是指为了实现既定的武术教学目标而选取的有关武术方面的理论知识与技术动作，主要包括武术理论知识与武术技术两部分。孔子学院武术教学内容的选择与设计需要考虑以下五个方面。

一是在指导思想上，要紧紧围绕《孔子学院章程》中增进世界人民对中国文化了解的办学精神，明确孔子学院武术教学的任务和目的，注重培养孔子学院学生对武术的兴趣，养成学生良好的武术锻炼习惯；要有针对性地根据当地孔子学院的特色，因地制宜地调整，适应当地学生学习武术的需求；要辅助孔子学院的汉语言文化推广工作，充分利用双语结合的教学方法，为广泛地推广中国文化奠定良好的基础。

二是在选编原则上，要遵循传统与创新、简易性与系统性、统一性与多样性等原则。

三是在运动形式的选择上，应充分考虑学生的兴趣和需求以及当地教育风格，不能局限于国内的教学方法，要具有创新精神。

四是在教学内容的层次上，要注意由浅入深，各类型、各拳种可以互相交叉学习，从培养学习武术的兴趣入手，逐步过渡到掌握武术技能和武术文化。

五是在教学内容的构成上，要根据教学对象的不同特征，针对身体锻炼、健身养生、攻防格斗等不同需求设计教学内容，提升孔子学院武术教学的质量。

四、武术教学方法

教学方法是教师和学生为了实现共同的教学目标，完成共同的教学任务，在教学过程中运用的方式与手段的总称。它包括教师的教法、学生的学法、教与学的方法。武术教学具有一般体育教学常用的教学方法，也因为项目的特点和文化属性具有了不同于一般体育项目的教学方法。

1. 武术的一般教学方法

（1）讲解与示范法：这是武术教学中最常用的一种教学方法。这一方法既强调了教师的示范又突出了学生的模仿。要求教师通过简单明了的语言向学生说明套路动作的名称、方法、要领、作用和要求，并辅以动作演示，让学生一边听讲一边观摩感知动作，从而建立起对动作的感性认识，获得基本的知识。授课时，教师结合动作名称和术语讲解示范。如教“搂手弓步冲拳”这个动作时，教师先向学生解释该动作下肢的步形，指出上肢的手法及运动形式，同时强调练习该动作的要领、要求等；然后一边讲解一边进行慢动作示范演练。这样，学生在明了动作要领的同时，形象直观地理解了动作的结构和神态。

（2）完整与分解法：每个武术套路都是由多个不同类别的单个动作组成，因此，教学时，教师应先做完整的套路动作讲解、示范，让学生先对完整的套路动作有一个概念，然后将套路分解成不同的小节进行示范、讲解、领做。当学生初步掌握了分解的动作后，再将动作组合起来练习。例如，三路长拳中的“大跃步前穿—接弓步击掌”这个动作，可以分解成：下肢练习（蹬跃—仆步—弓步），上肢练习（手臂的挂摆—搂—推），上下肢的配合（蹬跃—挂摆—仆步、抱拳、立掌—弓步、搂、推），配合眼法、身法整体教学这四个步骤进行讲解、示范。这种整体性与分解性教学相结合的方法，能够将复杂难学的套路分解为简单易学的动作，从而提高教学的效果。

（3）练习与巩固法：“曲不离口”“拳不离手”表明了反复练习在武术学习中的重要性。学生初步掌握套路动作后，想要达到运用自如的程度，必须通过反复练习加以巩固，才能达到熟练运用、强身健体的作用。练习巩固以集体练习、分组练习和个人练习为主要形式。

集体练习能够使学生在教师的动作示范及口令指挥下集体复习，一方面，能使学生进一步掌握动作，培养集体主义感；另一方面，通过集体练习，教师能够及时发现学生动作存在的共性问题，便于统一纠错。

分组练习是教师把全班分成若干小组并指派班级中动作掌握较好的同学为小组长，每个小组在教师的统一领导下，采用口令或领做相结合的模式进行。这种练习法，能够让每个学生更加准确、快速地掌握动作，同时还能培养学生的集体协作精神，增进同学间的友谊。

在集体训练及分组练习后，要留有一定的时间安排学生个人练习，让学生能够边想边练、增强记忆、巩固动作，能尽快地独立完成动作，提高学习效率。

此外，教师应该根据武术运动本身的特点，结合教学反馈情况采取灵活多变的教学方法、教学手段。如根据武术动作具有技击性的特点，可开展攻防、双人或多人配合练习，或通过教学比赛等方式，提高武术学习的趣味性、实用性，激发学生自觉学习的积极性和主动性。

2. 武术的特殊教学方法

武术与其他体育项目相比，突出的特点就是具有攻防作用。因此，武术不仅包括常用的体育教学方法，还包括拆招明招法、喂招还击法、说招诱导法这三种突出武术攻防特色的教学方法。

（1）拆招明招法：这是教师将武术中具有攻防含义的动作拆分出来进行讲授，使学生明白招式的攻防用法的教学方法。例如，“格挡冲拳”，可以拆分为“格挡”“冲拳”两个动作环节，向学生介绍该动作包含的防守（格挡）和进攻（冲拳）作用。

（2）喂招还击法：这是教师根据一定动作的攻防含义，为学生设立“攻防目标”，以此“目标”引导学生进行表现该动作攻防作用的教学方法。仍以“格挡冲拳”为例，教师向学生胸部冲拳（此即“喂招”），学生向教师的前臂部“格挡”，在“格挡”开教师拳臂的同时，向教师胸部“冲拳”。这样，学生借助教师“喂招”，进行了一次表现防守反击的“格挡冲拳”练习。

（3）说招诱导法：这是教师说出一个或一组攻防招式的名词，诱导学生根据教师所说招式做出防守或反击动作的教学方法。仍以“格挡冲拳”为例，若教师说“冲拳”，并不做出“冲拳”的动作，学生则面前无拳似有拳地做出“格挡”动作，防范教师的“冲拳”。借助这一方法，教师可以用快速的口语，引导学生快速产生应对反应并快速完成防守反击动作。

在武术教学实践中，以上三种攻防特色教学方法不是孤立的，而是具有内在联系的。在方法使用的顺序上，一般来说，先使用拆招明招法，使学生明白动作的攻防用法。当学生基本掌握动作的攻防用法之后，教师再使用相应的招法，引导学生采用已经掌握攻防用法的动作进行反击。随着学生掌握了较为丰富的武术攻防方法之后，便可采用说招诱导法教学了。

拆招明招法、喂招还击法、说招诱导法是武术教学实践中经常使用与行之有效的武术特色教学方法，这些方法不仅有利于学生加深对动作的理解，还有助于提高武术套路单练和对打的攻防意识表现力，更能有效提高学生的防身自卫能力。

3. 武术的文化教学方法

武术是中华优秀传统文化的突出代表，在武术教学中如何对学生进行文化教育是武术教学的特色与重点。具体来讲，主要有以礼明德、由表及里、潜移默化三种教学方法。

（1）以礼明德法：武术教学注重武术礼仪和武德的传承及规范。对刚步入习武行列的初学者，首先要从武术礼仪入手开始教育，让习练者通过学习“看得见”的礼仪，了解礼仪的内涵，接受武德的教育。一般情况下，武术的第一次课堂教学，教师都需带领学生学习“抱拳礼”，明确其动作要领，阐释其文化内涵，并将“抱拳礼”贯穿在每次教学之中。以“抱拳礼”开始，以“抱拳礼”结束，通过抱拳礼让学生懂得和养成“以礼待人”的传统美德，加深对武德理念的认识，提高武德修养。

（2）由表及里法：武术是以中华文化为理论基础的民族传统体育。武术的每一个动作都渗透着中华文化。无论是拳术还是器械教学，为提高套路的演练水平，教师总是反复强调动作的刚柔、快慢、高低、开合等矛盾关系的处理，经过反复的练习，学生便能逐步体悟中国传统文化中的阴阳观念。通过这样由表及里的教学和训练，能逐步实现由外在的肢体练习向内在文化素养的升华。

（3）潜移默化法：塑造完善的人格，培养学生自强不息和厚德载物的民族精神，不是一朝夕、一堂课、一次训练就能解决的，这需要一个长期的培育和锻炼过程。潜移默化法就是有目的地以武术为载体，通过持之以恒的武术锻炼，完善人格，育成民族精神。

五、武术教学评价

武术教学评价是依据武术教学目标对武术教学活动的过程及结果进行价值判断以为后期教学决策服务的活动。教学评价是研究教师的教和学生的学的价值的过程。教学评价一般包括对教学过程中教师、学生、教学内容、教学方法手段、教学环境、教学管理诸因素的评价，但主要是对学生学习效果的评价和教师教学工作过程的评价。

一般对教师的评价主要包括：对教师教学工作的评价，主要对教学设计、组织、实施等情况进行评价；对教师教学的评估，主要指对教师在课堂、课外的教学相关情况进行综合评估。

在武术教学中，武术教师主要采用观察、抽查、比赛和考试的方式对学生武术技能学习效果进行评价。

观察，即教师在学生练习的过程中进行的评价，这种评价方式一般是在学生不知情的情况下展开的，这样便于反映学生的真实情况。

抽查，主要包括部分人群抽查、部分内容抽查两种。部分人群抽查是从学生的角度出发，教师可对部分学生进行检查，以点带面，带动全体学生积极进行学练；部分内容抽查是从武术教学内容的角度出发，教师针对所学练的部分教学内容进行检查，在提高学生对重点动作掌握水平的前提下，带动提高学生对全部学练技能的掌握程度。抽查的优点是简便易行，缺点是不能全面了解学生。

比赛，即通过教学比赛的方式来评价学生对武术技能的掌握情况。这种方式能够激发学生的学习兴趣，在竞争中提高学生的学习积极性，进而提高武术技能水平。根据教学的具体情况，教师可以采用个人比赛、分组集体比赛、分组选优比赛等多种灵活的比赛形式进行评价。

考试，技能考试是针对学生某一阶段学练情况进行总结性的正式评价形式。一般而言，教师应事先通知学生考试的内容、时间及地点，并给学生留出充足的时间进行练习，以便在考试中发挥出最佳的技能水平。考试的优点是能全面而又深刻地评价每一名学生，但花费时间较长，需要做大量的准备工作。

具体来说，在比赛和考试中，教师主要采用定性整体等级评判、定量分步赋值评定和综合评定三种方法对学生的武术技能完成情况进行评价。

整体等级评判法，是指教师根据教学目标、动作规格要求等方面因素，对学生完成武术技能的整体情况进行一次性等级评判的方法。其中，等级可以划分为优上、优；良上、良；中上、中；可上、可、及格；差，极差；等级也可以是具体的分值，如 95、90；85、80；75、70、60；50，30。在此需要明确的是，上述分值虽然是具体数字，但其实质是等级的代表。在运用整体等级评判方法时，教师如果是以分值确定等级，还可根据学生完成的具体情况，在相应的等级分值上进行适度的加分或减分。这种评价方法的优点是简单易行、便于操作，但由于缺乏较为详细而又准确的评价标准，易造成主观性较强、准确性相对较差的情况。一般而言，此种评价方法适用于演练形式的武术教学内容。

分步赋值评定法，是指教师根据已经确定好的评价指标体系和评价标准，对学生所完成的武术技能有步骤地进行赋值评判的方法。此种评价方法的优点在于评价比较客观、准确可靠，但由于制定指标体系以及评价标准比较复杂，前期需要做大量的准备工作。此外，教师不仅要对指标考虑周全，同时每个指标或者每个指标的不同层面被赋予多少分值，都需要明确地表达出来。在操作方面，由于需要教师记忆非常复杂的指标和具体评价标准，该方法显得较为烦琐。一般而言，此种方法比较适合武术散打的双人对抗、武术功法的对抗和计数型的功力竞技项目等。

综合评定法，是指将上述整体等级评判法和分步赋值评定法结合起来进行评价的方法。在处理两种方法的关系时，其原则是能够运用分步赋值的方法，则不使用整体等级评判法。从实质上看，这种方法是整体等级评判的进一步细化，经常应用于单一分步赋值评定不能完全解决的武术技能评价。例如，对武术套路演练进行评价时，为了更加客观、准确地反映学生的演练水平，可以采用综合评定的方法。

在具体实施武术教学评价时，应将对教师教的评价与对学生学的评价相结合，综合采用定量与定性的评价方法。在武术教学中，武术教师应注意在评价过程中及时审视、反思自己的教学思想、行为，与时俱进地树立符合时代发展和学生特点的评价理念，不断思考新的评价方式，制定一个比较科学、合理的多元化教学评价体系。

思考题：

1. 武术教学的目的是什么？
2. 简述武术教学的任务。
3. 武术教学的特点有哪些？
4. 武术教学需要遵循的原则有哪些？
5. 简述武术教学的要素。
6. 武术教学内容的选择与设计需考虑哪些方面的内容？
7. 教师在进行武术动作示范时需考虑哪些因素？
8. 武术教学特殊的教学方法有哪些？
9. 对学生武术技能学习效果评价的方式有哪些？

第十一讲
武术训练

武术训练是在教练的指导下组织的有计划的武术活动，核心是为了提高武术运动员的竞技能力和运动成绩。武术训练方面的内容在中国古代拳谚里就有记载，一些训练经典理论至今仍指导着当代的武术训练。许多研究证明，中国早期的武术训练方法有其存在的合理性。伴随着现代化进程的加快，武术训练在东西方文化交流中呈现出传统与现代融合互补的发展态势。本讲在阐述武术训练的目的与任务的基础上，论述了武术训练应遵循的六大原则以及武术训练所具有的四个特点，并逐一分析了武术训练的五个组成要素。

武术训练的目的

武术训练的目的是通过长期的系统训练，提高运动员的功力和专项技战术水平，通过交流、切磋或比赛等机会，检验训练效果，展示武术技艺，获取最佳的竞技成绩。此外，武术训练是通过训练来提高水平的，以此来传承和发扬本派技艺，获得同行的认可和尊重。

武术训练的特点

武术训练是长期的系统工程，主要具有以下四个特点。

一、以功入手，功贯始终

武术功法训练是武术训练中的基础，是扎实武术根基、提高功力的过程。武术的功力，是武术造诣和比试武技高低的直观反映。武术拳谚“不怕千招会，就怕一招熟”“练拳不练功，到老一场空”等，体现出武术训练中功力所占有的地位。基本功的高低，在某种程度上决定了习练者武术技能发展的高度。然而，武术功法和基本功的训练需要长期坚持，因此武术中才有“拳不离手，曲不离口”的练功要求。没有长期的坚持，就无法扎实武术的基本功。不注重基本功法训练，则不能拥有高深的武术造诣，说明了功法在武术训练中的重要性。练习武术，除了对功力的要求之外，还需要通过基本功的练习提高功法的造诣。方法不得当，会偏离正确动作的路线。武术功法训练既是入门练武时的必修功课，也是持续提高武术技艺，达到内外兼修目的的途径。

武术训练是一个由浅入深、熟能生巧的过程。在此过程中，根据练习目标的设定，其技能或体能的主导才能逐步实现。在武术训练中，提高人体的基本能力是核心要求，同时要兼顾以技术为主导的训练模式。所以在武术训练实践中，应由简入繁，在基本掌握简单动作后，逐步地提高简单动作的完成质量，当其完成质量达到预期的目标时，继而学习新的内容。例如，铁砂掌的练习就是先从击打一般的沙包开始，逐渐将沙包中的沙子更换为铁砂，增加击打物的硬度。习练太极拳是由外练至内练的过程，要求招熟，再懂劲，最后到神明。武术的训练是一个循序渐进的过程，即是一个逐渐积累，由不会到熟练，再到精通的过程。

在传统武术训练中有“武功三年小成，十年大成”的讲法，表明了武术练习需要长期坚持。在这一过程中，除了提高功法外，还需要不断地对技术进行优化，才能将各招式运用自如。

二、形式多样，体用兼备

中国武术博大精深，所以在武术训练内容形式上呈现丰富多样的特点。武术训练内容丰富，在运动形式上不仅有套路、格斗和功法之分，在具体的训练内容上，不同武术拳种的套路和不同技术特点的技击格斗之法等都不尽相同。

体用兼备是对武术技艺的训练要求。“体”泛指形体，是习武者在演练中呈现出来的技术与功法展示以及外在形架招式的体现；“用”则是在掌握基本动作后，融入习武者的攻防意识、劲力发放以及与动作招式相互作用后产生的神韵。体用兼备充分体现了武术“练打结合”原则的特点。在实用主义价值观念下，传统武术训练运用“敌我双方关系”建构起了一个主客体两极互补结构。个人套路训练需要习武者在了解技法意义的基础上建立假想敌；而在“两两相当”的对打练习中，要求通过预设性的格斗技法进行功法的对打运用；作为临阵实用的散打，则是“敌我关系”及武术主体价值的直接显示。换言之，套路对打练习是否得法，必须通过较为实用的散打来加以证明；传统训练中的诸多拳理技法，也只有通过散打训练才能体会深刻。传统武术的体和用，是指前人在习练武术的过程中，通过对武技之道认识的不断加深，在不断追求技法进步的过程中所逐步积淀形成的一种文化，以及这一文化存在所具有的价值功能。习练武术能否了解体中之用，是判断习武是否得法的重要标准所在。因而传统武术才有了“练拳不知体中用，枉费功夫终无成”这样的至理名言。因此，“体用兼备”既是传统武术技术训练的终极所在，也是传统武术的显著特征之一。

三、形神并练，注重体悟

形神并练是对习武者生命本体的要求。形，包括躯干、四肢以及筋骨皮等外在的形体构成；神，指精神、意识及精气等内在的生命主宰。早在越女论手战之道中，“内实精神，外示安仪”就描述了斗剑时全神贯注、从容不迫、观变进招的形态。这不仅反映了形与神的丰富内涵，而且指出了内在的精神和外示的仪表是所有武技之道的重要内容。随着训练理论的日趋成熟，人体的形神问题越发得到重视。清代苌乃周较早地提出了“炼形合气，炼气归神，炼神还虚”的习武“三部曲”，他在解释形与神二者关系时指明，“形者，手足官骸也”“神者，心之灵妙触而即发，感而随通也”。武术训练理论中所讨论的神，是作为精神内容重要构成的道德成分蕴含其中的，道德律令始终是一个习武者的精神航船，也是内外双修中的主要内容，如《拳意述真》中所说的“尚德不尚力，意在蓄神耳”。

形神并练在武术训练中主要表现为外在的形架招式与内在的精神意识的相伴相生。孙禄堂认为，习武练拳“从其规矩，顺其自然。外不乖于形式，内不悖于神气。外面形式之顺，是内中神气之和；外面形之正，是内中意气之中。是故见其外，知其内，诚于内，形于外，即内外合而为一者也。”正因为拳技一道，形神须臾不可相离，故也就有了“只要一伸手，就知有没有”的武谚。

受中国传统文化的影响，口传心授是传统武术的主要传承方式，而这就要求习武者在习练过程中自我体悟。各式各样的招式训练，只是习武过程中的初学阶段。对于习武过程而言，可视的、可模仿的一招一式的形架是体悟的基础。《武松拳谱》中云，“学拳之难，难于知各拳之应用，须精心体察，阐发其妙用”；《拳意述真》中记前人之言云，“法术规矩在假师传，道理巧妙，须自己悟会”；都是强调习武者需要重视对拳法技理的体会和感悟。可以说，在练习中思考，思考后针对练习，是传统武术在长期训练实践中总结出来的进行直觉把握、自我体悟的根本方式，这一方式使一般无法形容、难以言说的直觉体悟有了大致可行的实践指向。正是从这个意义上，《拳意述真》的作者把“心思会悟，身体力行，日日练习”视为拳技“方能有所得”的基本条件。

四、益气固本，壮内强外

中国传统武术坚持内外兼修的基本原则。无论是内修还是外练，实践中都把中医学中有关脏腑经络的人体生理知识和药理知识作为练功的心诀和壮身强体的重要依据。这里的“本”指武术技术本身以及习练者的生命本体。在传统武术训练理论中，武术的重要内修方式之一便是气功，练气不但具有培元筑基的根本性意义，也是提高武术功力的重要方法。从中国体育史的角度加以考察，气功与武术虽然有各自的发展脉络，但在发展过程中逐步产生了融合，气功与武术相结合之后获得了更高的价值，成为传统武术训练中不可或缺的组成部分。《苌氏武技书》中的“中气论”认为，习武不练气，“不谙中气根源，惟务手舞足蹈，欲入元窍，必不能也”。《少林拳术秘诀》则将气功称为习武中的“圣学之紧要”，至于太极拳、形意拳、八卦掌等偏重于内练的拳种，更是将气功作为本门拳技的有机组成部分。

习武活动是一种特有的人体运动方式，各生命体是习武的根本，人体的强弱决定了武功高低，而且强身、御侮本来就是传统武术价值体系中两个不可分离的价值存在形式。少林寺僧妙兴大师曾说：“无论练功习技，首须养气，气沛则神完，神完则力足，力足则百体舒泰，而筋骨强健，心灵性巧。”这里的“养气”，实际就是巩固身体机能的一种方法。在习武过程中，不同拳派的训练初期一般采用诸如桩功、踢腿等各种素质训练方法来提高习武者的身体机能。通过站桩，“自觉气能下贯而不上浮，则进习手运法”“手与足既觉气充力壮，然后再进习身法、掌法、眼法、趋避法、进退法、纵跃法”等。武术是一项身体对抗运动，身体强壮、身体素质高在对抗中自然取得优势。即使是旨在提高抗击打能力的各类硬功夫训练，也莫不以“内脏坚实、气沛体充”为基础，从而达到益气固本和壮内强外的目的。

武术训练的原则

武术训练的原则是依据武术训练活动的客观规律而确定的组织武术训练所必须遵循的基本准则，是武术训练活动客观规律的反映，它对武术训练实践具有普遍的指导意义。武术训练的原则主要包括系统训练原则、循序渐进原则、适宜负荷原则、因材施教原则、练打结合原则、练养结合原则。

一、系统训练原则

武术训练是一个长期的、逐渐提高的训练过程，在此过程中需要持续、系统、有序、连贯地控制训练，从而获得最大的训练累积效益。同时，系统训练原则作为武术训练的首要原则具有坚实的科学基础。它是建立在人体生物适应长期性和阶段性以及训练效应不稳定性等因素基础之上的总体概况，对于武术整个训练过程具有重要的科学指导意义。

从运动生理学的角度考察，武术训练活动的实质是熟能生巧的过程，通过不断地重复对某一动作的学习，在大脑及神经系统中留下深刻的记忆，再周而复始地习练这一动作，使得机体对某一武术动作形成肌肉记忆。所以，系统训练尤为重要，因为这是不断加深神经记忆及肌肉记忆的有效方法。系统训练是由初级至高级的过程。由“初级”阶段入手，以掌握基本动作和基本技法为主要目的。“中级”阶段是追求“势正招圆”的重要阶段，应加强意识控制呼吸、呼吸与劲力、呼吸与节奏、形态与意识相配合等方面的训练。“高级”阶段是动作高度自动化阶段，达到了“收放自如”的境界。这一阶段训练是提高意、气、劲、形协调配合，使动作控制更加精确，技术方法更加熟练，达到根据环境变化等因素对技战术进行灵活调整的训练阶段。

二、循序渐进原则

武术活动是一项持续性的身心锻炼活动，所以要求武术训练是一个循序渐进的过程。武术拳谚有“拳打千遍，身法自然”的说法，解释了武术不仅需要长期坚持，更需要循序渐进的道理。武术训练是一项整体性的训练活动，在以技能为主的动作练习时，机体所获得的刺激不足以产生“代偿性”恢复，身体机能的能量消耗也没有达到让身体足以产生应激的阈值，但通过练习仍然获得了提高，提高的呈现方式是技术的熟练。因此，武术技能的产生建立在反复练习的基础上，这也是长期循序渐进训练产生的“效果积累”现象。武术训练中的许多基本功训练，除了提高专项身体素质外，也对专项技能水平的促进发挥着重要作用，并且随着练习时间的增长，武术习练者的技能水平不断提高。

从运动生理学来看，武术训练同体育训练一致，通过运动负荷的刺激使身体机能和技术水平出现一系列反应，这些反应表现为耐受、疲劳、恢复、超量补偿和消退。所以，合理安排练习的强度、练习的量、练习的时间和练习的内容，才能够使身体产生最佳的反应与适应，带来最大的武术训练效果。然而，受个人的先天遗传因素制约，武术技术水平和能力的提高将由快变慢，甚至停滞不前。因此需要有计划、有目的地实施运动负荷，通过身体机能的变化全面提高武术技术水平和运动能力。

三、适宜负荷原则

有机体对刺激发生反应，进而产生适应性。适应性的具体表现是，针对长期施加的某种刺激，机体通过自身形态、结构和机能的变化，以适应这种刺激。人体对训练刺激的适应也不例外，通过训练后的恢复，人体内的损伤肌纤维不仅得以修复，而且还增粗，产生更大的收缩力量；骨密质也会增厚，骨小梁的排列方向有所改变，可以承受更大的力量；运动中所消耗的糖原以及酶等物质不仅得以恢复，而且会发生超量补偿。训练后的恢复期中产生的结构性改善被称为“结构重建”。如武术功法练习中的单掌断砖练习，通过打沙袋练习使练习者掌部的骨密度发生变化，骨密度在日积月累的练习中增厚，手掌逐渐变粗变壮。结构重建后，身体机能得到相应提高，被称为“机能重建”。因此，长期的运动训练过程实质上是不断刺激、不断反应，最终达到适应的过程，是身体机能不断重构的循环过程。通过这一循环过程，运动能力得以增强。

需要注意的是，不适宜的运动负荷刺激也能发生机体适应性变化，但适应性变化的结果并非如训练目的所预期，如长期安排超大负荷的训练而缺少足够的恢复，机体所产生的适应性变化反而会造成运动能力的下降，这属于一种不良的机体适应。

四、因材施教原则

因材施教原则是根据习练者的个人能力与特点来确定不同训练任务、内容、手段、方法和训练负荷。由于个体的特殊性，习练者的战术、心智、生理、技术水平等都各不相同，在训练中应针对各自的特点，选用针对性强的训练内容。

在武术训练中，教练要选用训练效果好、针对性强的训练方法，来提高习练者各方面的能力。但统一的训练方法因受制于习练者个体情况的差别，不同的习练者取得的效果会有所不同。因此根据习练者个人的实际情况，科学地安排训练内容，有区别地、灵活地运用训练方法，创造性地设计新的训练手段，以能够达到最佳效果为目的的训练过程，对于挖掘并发挥个人潜力具有重要的作用。

五、练打结合原则

练打结合是武术训练有别于其他体育项目训练的显著特征，包括武术单人套路练习与对打、拆招相结合的训练。练打结合原则也是武术训练区别于其他运动项目训练的一个原则。练打结合是指通过周而复始的实战练习，体会套路中动作的攻防技击的用法，通过套路练习又能不断地提高动作技术的熟练程度。在武术套路、格斗和功法训练中，贯穿练打结合原则对于强化武术训练内容、提高武术训练效果具有重要作用。如在武术套路训练中，许多技击动作的表现需要习练者将较强的技击意识融入套路演练之中，通过具有技击攻防含义的套路动作来彰显武术的独特魅力。因此，在武术套路训练中，对每个套路动作招法的使用和原理也是武术套路训练中的一个重要内容，只有真正掌握了动作的技击含义和使用方法，才能在武术套路演练中体现武术的技击意境。

六、练养结合原则

练养结合原则是指武术训练通过动练和静养相结合，使运动员掌握呼吸与意识、动作相配合的方法。武术自古就有“外练筋骨皮，内练一口气”之说。武术训练非常讲究训练与人体保养的关系，无论是从中国传统养生文化的根源，还是从武术训练原理来看，武术训练注重内外结合、练外养内，这是中国武术表现出来的重要特征和特色。同时，在武术训练中贯穿练养结合的原则有助于减少运动员的训练损伤，延长运动寿命，提高运动员的身心健康水平。高强度的运动训练与适宜的身体调理有机结合，保证了运动员可持续的发展动力，有效促进了武术运动训练效果的提升，也保护和巩固了运动员的竞技状态。

武术训练的要素

武术训练的要素是指构成武术训练活动的各个因素。构成武术训练活动的要素有很多，大致可归纳为如下几点：教练和习练者（运动员）、训练内容、训练方法、训练手段、训练计划、训练组织与训练评价。

一、教练和习练者（运动员）

武术教练和习练者是构成武术训练的主要要素。武术教练是训练的主体，是武术训练的实施者。武术教练的基本任务是指导武术训练工作，武术教练既是训练工作的设计者，又是训练的组织者。武术习练者是构成武术训练的客体，是武术训练的执行者。武术训练效果的好坏最后都要通过习练者的成绩来表现。

训练内容、训练方法、训练计划、训练组织与训练评价是连接训练主体与客体间的桥梁，它们相辅相成，相互影响，共同保障训练主体——教练顺利完成训练任务，另外检验训练客体——习练者对训练活动的完成效果。

二、训练内容

武术训练的内容包括功法训练、技法训练、战术训练和心法训练四部分。

1. 功法训练

武术主要由“打、踢、拿、靠、摔”五种技术元素构成。所以武术功法可分为打功、踢功、拿功、靠功、摔功等。功法在某种程度上可称为“专项素质”，专项水平的提高则依赖专项素质的好坏。

2. 技法训练

武术的技法包括打、踢、拿、靠、摔——“五击”，手、眼、身法、步、精神、气、力、功——“八法”。在武术方法练习中，手、眼、身法、步是武术外在表现形式的练习内容，精神、气、力、功是武术内在表现形式的练习内容。实战是检验和完善武术技法的又一环节，是武术重要的技法练习环节。

武谚有“拳打千遍，其理自现”的说法，其道理是在反复练习相同动作、相同套路的基础上，使神经及肌肉对习练动作产生记忆，从而使习练者依靠肌肉记忆自然完成动作。习练者建立了正确的动作模式，其大脑的相应区域会逐渐形成相应的神经通路，反复练习将提高这种早已建立的通路传递冲动的效率。

武术的技法训练是通过不断地反复练习来实现的，“熟能生巧”正是对反复练习的总结。通过不断练习，习练者对武术中的技法了然于胸，最终产生一种本能的反应。提高技法首先需要习练正确的动作，以及完成正确动作所需要的方法，因此技法的训练包括提高“五击”的动作质量、训练中“八法”的不断完善。武术的最终目的是为了实战，我们对实战最简单的理解是通过武术技法与人对抗。武术的格斗类项目已经具备了“临敌”的运用，但武术功法和套路所谓的实战是比赛竞技，通过实战或者比赛去检验技法练习的效果，通过实战将所练习的技法融会贯通。

简单动作通常在套路里被称为“单势”，这些动作结构简单，练习方法清楚，是构成复杂动作的基本单元。在武术技法训练中，需要将复杂动作进行分解。如一个完整的武术套路可分解成若干分段，分段分解成组合，组合分解成简单动作。散打训练中将一套组合进攻动作分解成拳法、腿法或者摔法加以提高。

人体完成运动中的一系列动作，首先是在人体大脑神经中枢内进行计划，通过神经发布指令，再由具体骨骼和肌肉来执行。整个过程由关节、肌肉和运动神经单元共同参与完成，因此提高运动感知能力、动作的执行和控制能力被认为是“基本技术”或者是“技术”的训练。武术技法训练中，应着重对手法、眼法、身法、步法，以及精神、气、力和功进行训练。手、眼、身法、步可进行分解式和完整式训练，如将一个完整动作分解为手法、步法、身法来进行训练，当各种方法使用正确和熟练后，再进行整合的练习。这种技术练习的方法在高难度的动作中经常使用，这类复杂性技能一般由大量单一动作元素构成，可以将动作分解，逐一练习，进而整合，降低练习难度。此外，有些动作高度依赖于前一个动作的完成，这类动作的每一环节复杂程度不高，但环环相扣，需要进行完整的练习。这种情况下，常采用完整练习法来加以提高，如身法练习，由于身法主要是躯干部分运动，具有承上启下的作用，需要结合其他方法进行练习。

具备了正确的动作姿势，技术方法也得到了完善，进而进入到实现武术训练目的的应用阶段。练习武术的目的有许多，如参加套路竞赛、散打（格斗）竞赛、自卫防身、强身健体等。我们的一切训练成果都要到实践中检验，并在检验过程中获得反馈，反过来修改训练方案的不足，促使技法的不断完善。例如，散打训练的目的是参加散打竞赛，从基本功、基本技术的练习和完善，最终运用到实战或者竞赛中。通过武术的实战，武术技法在实战中得以运用，功力在实战中得以体现。同时，已掌握的技法、技能能否用于实战，能否根据临场的变化产生随机应对的方案等，都要在实战或比赛中接受检验，检验的结果就是进一步完善训练方案的依据。

3. 战术训练

竞技战术是指比赛中为战胜对手或为表现出期望的比赛结果而采取的计谋和行动。因此，竞技体育中的战术是围绕比赛结果而采取的计谋和行动。

武术战术训练是为提高技战术水平、突出应敌技巧而从事的专门的练习方法。战术训练在武术的许多理论中得以体现，早在《庄子·说剑》篇中已有论述。散打的战术包括直攻、强攻、佯攻、迂回、制长、制短、多点、重创、突袭、反击、下台、边角、体力、心理战术。太极推手的大多数战术与散打相同，还有圈线、诱敌战术等。通过平时有针对性地训练，可提高战术能力。战术训练主要针对武术格斗项目，包括分析战例、分解训练、假设训练、模拟训练、实际应用五个训练内容，模拟训练在套路训练中也经常使用。

分析战例是指根据对手的具体情况，采用多媒体、讲解、回忆等方式，针对对手的打法特点、技术特长、体貌特征等进行分析、研究，找出不足之处，有针对性地制订若干个应对方案，将这些应对方案纳入日常战术训练内容中。

战术实施的方案，一般由单一和复杂的战术构成，这些战术包括若干动作，根据不同的需要，动作多少不一，包括打、踢、拿、靠、摔等方法。为了很好地在比赛中实施战术，在日常训练中将各种战术组合动作分解进行训练，能更好地达到提高各动作质量的目的。如散打中的踢法加摔法，就可分别进行踢的训练和摔的训练，再将两个动作有机组合进行训练。

假设训练是指在设定条件中，由自己或他人根据设定的条件反复进行有针对性的训练，包括针对不同对手采用不同应对方法的训练、不同难易程度的训练，如递招、喂招、拆招的训练等。假设训练可以是一个战术反复练习，也可以是多种战术结合练习；可以进行单练，也可以进行对练。总之，在各种设想的情况下，假设训练均可进行假想空击，也可利用辅助器材和设备进行练习。这种想练结合的方法，主要目的是培养战术意识，掌握各种战术的具体用法。

模拟训练是指根据对手的具体情况及其技术特点，模拟与其对抗而进行针对性的练习。模拟训练应由简到难，由慢到快，由固定到活动，由简单动作组合到复杂动作组合的模拟，达到提高多种战术的运用和应对能力。在套路训练中，可以模拟比赛场地、灯光、声音等比赛环境，或者模拟发生特殊情况，减少不良的赛前状态，以期获得优异的成绩。

根据战术训练的需要，习练者在规定的内容、使用动作或战术范围内进行对抗训练。其方法为运用有限制的进攻动作或防守动作进行实战对抗、限制击打力量的实战对抗、限制击打部位的实战对抗、规定使用技战术的实战对抗等，这将有效地提高习练者在实际比赛或与人交手时的应变能力。

4. 心法训练

心法训练是一种智力的提高，是人体神经系统、思维系统的整合，是对动作技能熟练程度的体现，是在与人交手或比赛时针对环境、对手等诸多因素能够在短时间内做出快速反应并采取相应策略的心智的运用。心法训练对习练者悟性的提高起着重要作用。悟性的高低决定了人是否可以在较短的时间内快速找到解决问题的方法。《太极十三势歌》中有“入门引路须口授，功夫无息法自修”，即指功夫的练习需要长期坚持，其中的道理需要个人领悟，这也是武术训练的一个特点。武术技术要想上升到一定程度，则需要习练者深入理解中国的传统思想和文化。

三、训练方法

训练方法是指教练和运动员为达到提高运动成绩的目的而采取的途径和方法。武术源远流长，历经长时间发展已自成体系，有关武术传统训练方法大致可分为动静训练法、渐增难度训练法、内功训练法、喂手训练法和抢手训练法。现代运动训练中较常用的训练方法包括重复训练法、间歇训练法、循环训练法、变换训练法、模拟训练法、持续训练法和比赛训练法。当代武术训练实践活动中最常用的方法既有传统的动静、渐增难度、内功、喂手和抢手等训练方法，也有现代训练中常用的重复、间歇、循环、持续等训练方法。

1. 传统训练方法

（1）动静训练法：泛指动态训练方法与静态训练方法两种，其中包含静耗、慢速、急打等不同速率的训练方法。

① 静耗训练法是运动员的肢体按要求保持静止，并持续一定时间的练习方式，这是武术训练中最为常见的练习方法。例如，站桩练习、“耗”腿练习，这

种训练方式保持人体结构不变，但肌肉或韧带却得到一定强度的刺激。静耗训练法可以提高机体局部的力量或柔韧度，但在练习过程中还应配合呼吸，达到内养外练的训练效果。

② 慢速训练法是将技术动作的完成速度放慢，动作的路线和意识仍然是与正常动作一样的练习方法。根据需要，慢速训练法可在每个动作完成时保持一小段时间，以期建立正确动作技术路线和时空的概念。慢速训练法有助于建立正确的动力定型，对复杂动作、组合式的复杂动作的掌握、眼神与动作之间配合等有较好的训练效果。慢速训练法将正确动作的速度放慢，在一定程度上降低了动作的难度，使大脑的神经工作节奏放慢，以便更容易吸收技术动作的要点。因此，慢速训练法适用于学习动作的初期、纠正技术动作期间、两人对练的初期配合、拆招、喂招以及高水平运动员整合套路等练习阶段。

③ 急打训练法是在外在因素协助下，使习练者完成技术动作的速度超过正常速度或自己所习惯的速度进行的训练方法。这种训练方式通过改变习练者已经习惯的动作模式，以期提高动作速度。急打训练法一般运用于提高动作速度，增强以快打慢的攻防能力。有多种协助方式来提高动作速度，包括声音、动作，如通过声音的提示“快、加快、再快点”来提示习练者加快速度；也可通过动作来帮助习练者加快速度，如在学习侧空翻时，教练通过拍击习练者的摆动腿来帮助其快速摆腿。

（2）渐增难度训练法：通过逐渐地增加练习难度的方式，达到提高功力和技术的目的。这种训练方法多见于武术的功法练习。武术功法练习中的沙袋功、排打功、跳坑功等，就是通过逐渐增加练习难度，使身体逐渐产生适应，进而提高功力或者技艺的训练方法。渐增难度训练法虽然是武术的传统训练方法，在竞技武术套路的跳跃难度训练中仍然采用。如习练者要完成旋风脚 720 度接跌竖叉动作，但在练习初始，习练者并不能完成空中 720 度的旋转，在此情况下，习练者通过练习旋风脚 540 度的旋转，逐渐掌握空中旋转的技术要领，通过长时间的不断练习，体能和技能发展到一定的程度后，逐渐开始增加旋转角度直至能够完成该动作。

（3）内功训练法：依据中医理论，在意念的引导下，人体的气运行于全身，达到疏通经络、活畅气血、强健身心的训练效果。通过内功训练法可提高劲的运使，意识与呼吸之间的配合，呼吸与动作之间的配合。

（4）喂手训练法：根据训练的需要，陪练者进攻习练者，习练者以此为靶，进行防守和防守反击的训练。此训练法主要用于加深习练者对动作攻防含义的理解，提高运用攻防动作的熟练程度，锻炼随机应变的能力。

（5）抢手训练法：两人相互徒手搏斗，以武术技术、功法来制服对手，或以技术、功法摆脱对手控制。这种方法普遍用于提高个体技法和实战能力。抢手训练法分为限定抢手训练法和自由抢手训练法。

① 限定抢手训练法是在规定的条件下进行抢手训练，对提高运用个别动作或组合动作的能力有显著作用。限定条件包括攻防角色、攻击方法、攻击部位、攻击次数。初学者限定条件最多，随着训练水平提高而减少限定条件，直到过渡到无限定条件的自由抢手训练法。

② 自由抢手训练法是不限定条件的抢手训练，这类训练要在尽可能地接近实战的条件下进行。与不同技术风格、不同身高体重的对手进行自由抢手训练时，练习者应注意提高格斗中适应不同对手、不同打法的能力。这种训练方法也可以采用“车轮战”的方式，即一人连续与多人轮流抢手，提高运动员的专项持久能力。

2. 现代训练方法

（1）重复训练法：是保障练习间隔，多次重复同一练习内容的练习方法。重复训练法的理论依据源于“运动技能形成原理”和“条件反射形成原理”。对于武术训练而言，重复训练法仅是一个比较笼统的训练方法，在武术的实际训练中根据动作之间的连接复杂程度分为局部训练、单势训练、组合训练和套路训练。除此之外，根据训练中需要解决的问题又可划分为以解决和纠正动作为主的慢速训练法、以拉伸柔韧或提高身体局部静止力量为主的静耗训练法，以及提高动作速度的急打训练法。

（2）间歇训练法：是一种对练习动作结构和运动负荷强度、间歇时间有严格的要求，以使机体处于不完全恢复状态下，反复进行训练的练习方法。间歇训练法的理论依据源于“心血输出动力原理”和“能量代谢过程原理”。由于这种训练方法是在运动员的机体未能完全恢复时就进行下一次练习，所以能有效地培养机体忍受乳酸堆积和承担氧债的能力，以及有效地提高呼吸和心血管系统的机能。武术训练中常采用间歇训练法来提高耐力、专项速度耐力。

（3）循环训练法：是根据训练的具体任务，将练习设置为若干个练习站，习练者按照既定的顺序和路线，依次完成每站练习任务的训练方法。运用循环训练法可有效激发运动员的训练情绪，累积负荷“痕迹”，交替刺激不同体位。循环训练法常在武术的身体素质训练中使用，将各练习内容以“站”的形式设立，这样既节省了练习的时间，又使受刺激的部位有一定的恢复时间。

（4）持续训练法：是一种负荷强度较低，负荷时间较长，训练过程不中断的持续练习方法。该方法是为了重点发展有氧代谢水平而提出的。持续训练法在武术训练中主要发展一般有氧耐力，如长跑、慢跑。此外，持续训练法也可以作为一种恢复的手段在武术训练中起到积极性恢复的作用。

四、训练手段

训练手段是指为了实现运动训练的目的和任务而采用的具体方法和措施，是组成各种不同训练方法的基本单位和内容。任何训练方法都需要通过一定的手段来实现。训练方法的顺利形成，关键就在于训练手段的操作程序的设计。因此不管是采用语言还是采用身体练习，都会对习练者产生直接作用。武术训练的手段多种多样，有借助一定的训练器械提高习练者功力的训练手段，如打木人桩、打千层纸、打沙包等；有通过特殊器材提高习练者力量的训练手段，如抛石锁、拧大枪、卷棒子等；有通过选择特殊环境获得不同训练效果的训练手段，包括对练习方位的选择、对练习环境的选择、对不同季节练习内容的选择等；还有通过物理、饮食、药物所采用的恢复手段，如以按摩、理疗、食补等方法作用于习练者，可使其身体机能尽快恢复并产生良好的训练效果。总之，训练手段为提高武术习练者的功力和专项技战术水平服务，所反映的是教练执教的能力和执教的艺术。

五、训练计划

训练计划是对习练者训练过程的总体规划。武术训练是长期的周而复始的习练过程，同时理论研究与训练实践也表明，一名优秀的习武者具备系统性和长期性特点。因此，制订科学、周密的训练计划，对于保证训练的理想化及培养优秀的习练者具有重要的指导意义和作用。

按照当前运动训练学的训练周期划分，全程性多年训练通常包括基础训练阶段、专项提高阶段、最佳竞技阶段和竞技保持阶段。各个阶段根据不同习练者、比赛项目等因素又有不同的具体任务。其中，就训练计划整个过程来讲，最佳竞技阶段是训练计划的核心部分。因此，在制订具体的训练计划时，要考虑到系统性的整体训练计划和四个阶段的训练计划；在制订多年整体训练计划时，要对阶段划分、年龄特征和训练负荷特点进行有针对性的详细的制订；在制订分阶段或者年度训练计划时，要考虑到阶段之间的连续性以及阶段的特殊性。如针对各类武术比赛的时间、习练者参赛的项目以及赛事的重要程度等因素，都是制订合理科学的训练计划所要考虑的因素。

六、训练组织

武术训练组织是武术训练活动的具体实施者和计划者。如果训练计划是一种宏观层面的指导和制订，训练组织就是微观上的实践操作和运行。甚至在一定程度上，训练的组织是否有效直接影响训练计划的进行。因此，训练组织实施对于武术教练来讲是一项需要不断学习提高和必须掌握的综合能力。

武术训练组织是一个较为复杂的过程，其中包括训练计划的具体实施、训练调控以及习练者身体状态的监控等内容。例如，在训练的实际组织实施中，由于习练者身体素质、心理或者其他因素的影响，教练就要根据实际情况，科学调整武术习练者的训练内容、训练负荷量和运动强度。因此，在训练的具体组织过程中，必须对每天、每周和大周期训练计划制订具体的训练内容以及机动方案。就一般训练规律来说，目前主要的训练组织形式为多年训练计划的组织、年度训练计划的组织和训练周计划的组织。

七、训练评价

武术训练评价是指对武术训练计划和组织实施活动进行定性或者定量的测量与评定。从宏观层面来讲，武术训练评价主要包括教练、运动员、训练计划、训练内容的安排、训练手段与方法、训练场地、训练设施及器材等与教学相关的各个方面的综合测量与评价。从微观层面来讲，武术训练评价的内容主要包括两部分，即教练的指导和习练者的训练。相对于习练者的评价，教练的评价更侧重于一种过程性评价，注重评价武术教练在组织实施训练过程中运用的方法及组织（包括运动内容的设计、运动量和运动强度的安排等）是否科学合理；相对于教练指导的评价，习练者训练的评价更侧重于结果性评价，应注重评价习练者完成的训练任务情况，如完成的次数和质量以及完成后的身体机能恢复情况。在具体实施武术训练评价时，应将教练和习练者评价相互结合、过程评价与结果评价相互结合，综合进行评定。当然，运动训练评价最为直接的则是习练者的成绩。

思考题：

1. 武术训练的目的和任务是什么？
2. 简述武术训练应遵循的原则。
3. 武术训练具备哪些特点？
4. 构成武术训练的要素有哪些？
5. 简述武术训练的内容与方法。
6. 如何组织武术训练？
7. 如何评价武术训练？

第十二讲
武术竞赛

近代以来，中西方体育文化的不断交流促使“竞技化”成为武术现代化发展的核心与代表。在不断探索下，武术建立了较为完善的竞赛体系，这一体系有别于西方竞技体育竞赛，并对世界体育文化的和谐发展产生了积极的影响。本讲阐释了武术竞赛的目的和任务，从武术竞赛应遵循的基本原则出发提出了武术竞赛的三大特点，从解读武术竞赛的组成要素入手阐述了如何组织武术竞赛。

武术竞赛的目的

武术竞赛是运动竞赛的一种表现形式，竞赛的实质是甄别优秀者，竞赛的过程则是选择优秀者。参赛选手为获得优异成绩，在比赛中全力以赴展现最高的运动技术水平。也正是武术竞赛的存在，武术训练才应运而生。然而，要想攀登武术竞技的高峰，科学训练是唯一的途径。在训练实践的探索过程中，不但可以加深对武术训练的理论认识，而且可以促进武术运动技术水平不断地向新的高峰攀登。由此可见，武术竞赛的根本目的是提高武术运动技术水平。

武术竞赛的任务

一、加快武术普及，推动武术发展

推动武术运动普及的有效方式是进行武术竞赛。武术有着深厚的群众基础，武术运动项目可以满足不同人群的需求，进而扩大武术活动的影响力。举办各类武术竞赛，通过电视直播、互联网转播等现代传媒手段，可以吸引更多的人了解武术、喜爱武术，引导人群投入到习练武术中去，不断提高武术的技术水平，武术竞赛不但促进习练者身心健康，而且扩大了武术运动的影响力。由于传播武术的重要途径是武术竞赛，因此，武术竞赛担负着推动武术普及与发展的任务。

武术竞赛是提高武术竞技水平的有效途径。竞赛是竞技武术的核心，是检验运动员训练效果的重要环节。运动员长期参加训练的目的是为了在比赛中取得优异成绩，以期提高比分、获得奖牌。为了在比赛中取得佳绩，运动员不仅要进行长期的刻苦训练，还要在比赛中克服种种困难，调整竞技状态，力争赛出最好的竞技水平。由于赛场环境的特殊性，通过竞赛不仅能有效检验运动员的训练效果，还能激发参赛选手的运动潜能，促进竞技水平的提高。此外，运动员同场竞技，还能相互切磋和交流，这也是学习别人长处、弥补自己不足的有效途径。因此，举办武术竞赛可以推动武术竞技水平的提高。

二、彰显武术文化，弘扬传统体育

西方的体育运动项目都是以身体运动为主的单一运动形式。武术虽然也是一种身体运动，但却将身体运动、技击功能与传统文化三种属性有机地结合起来，一技一法无不蕴含着中华民族优秀的传统文化内涵，具有鲜明的文化特征。例如八卦掌的理论来源是“八卦学说”，“五行学说”则支撑与规范着形意拳的技术动作。从文化学的角度来审视，传统武术的 129 个拳种都或多或少地留有中国传统文化的烙印。不同性质、不同类别、不同内容的武术竞赛，都是展示和弘扬武术文化的平台。由此可见，举办武术竞赛，在促使运动员提高武术运动技术水平的同时，也向人们展示了武术文化，进而推动传统体育的继承和发展。

三、切磋武术技艺，促进人际交流

现代社会是人与人不断交流、共同合作的信息社会。如果人与人之间缺少沟通与交流，人类就无法形成社会结构，更无法促进社会文明的进步。事实上，相近的性格习惯及相同的兴趣爱好使人与人之间更为高效地进行交流，这种习惯在武术中表现得更为明显。武术界素来就有“以武会友”的说法。各种武术竞赛的举办，为习武人士提供同台竞技的同时，也创造了交流的机会，使大家能在一起以武术为中心切磋技艺。比赛期间，人们不仅可以了解不同武术派别，欣赏不同派别的精湛技艺，促进武术运动技术水平的提高；还可以通过武术竞赛活动这一平台，加强武术界人士的联系，使武术的人际交流作用进一步得到加强。

四、以武术为媒介，拉动经济增长

改革开放以来，体育竞赛的商业价值日渐凸显。各地政府通过举办各种武术竞赛活动，带动了当地的经济增长。以武术为媒介，扩大经济贸易活动已成为促进地方经济发展的一种有效手段。各地政府举办武术竞赛的目的，一方面是借助武术竞赛宣传当地的文化；另一方面在于以武术比赛为媒介进行商业贸易洽谈，带动当地旅游活动，以此快速拉动地方经济增长。在经济全球一体化的时代中，利用地区武术品牌举办武术赛事，带动地方经济发展的成功案例更是不胜枚举。这种“武术搭台，经贸唱戏”的方式证明，武术竞赛的社会功能已经超越了竞赛本身，成为拉动地方经济增长的有效手段。当然，武术在为地方经济提供增长点的同时，也借助地方政府的力量得到进一步的发展。

武术竞赛的特点

武术竞赛有别于其他体育竞赛项目，具有以下三个突出特点。

一、竞赛形式丰富多彩

一般的体育竞赛项目，无论是周期性的还是非周期性的，比赛形式都是单一性质的。虽然有一些运动项目比赛的内容很多，如田径可以分为田赛、径赛两种类型，田赛和径赛又有许多不同的运动项目；又如游泳可以分为蛙泳、蝶泳、仰泳、自由泳四种姿势，每一种姿势又有不同距离的比赛项目；再如划船可以分为皮艇、赛艇两种类型，每种类型又可以分为单人、双人或多人不同距离的比赛项目。但无论这些运动项目如何复杂，都属于周期性运动项目。而武术运动分为套路、功法与格斗三种形式，武术套路属于多周期性运动项目，武术功法的某些项目属于单周期性运动项目，武术格斗属于非周期性运动项目，使得武术竞赛成为既有周期性的运动项目又有非周期性的运动项目的赛事。因此，武术竞赛具有形式多样的特点。

二、竞赛项目内在统一

在其他任何体育竞赛中，项目本身是单一和独立的，互相之间缺乏必然的联系。例如，田径的竞赛项目比较多，如跑步、跳远、投掷都属于田径运动，但跑、跳、投之间没有内在的必然联系。虽然，武术竞赛中武术套路、武术功法以及武术格斗运动项目分别属于周期性运动和非周期性运动，三个项目的比赛形式是独立进行的，但是三个不同运动项目的技术内容都以打、踢、拿、靠、摔等攻防技术为基础，具有内在的统一性联系，对人体的头、躯干、下肢“三盘”攻击目标的理论认识是一致的。这种不同运动项目演练与对抗的统一性特点，也是其他体育竞赛项目所不具备的。

三、群众基础广泛

体育竞赛因项目不同，不仅对个人身体素质有不同要求，而且对年龄也有要求。群众对适合自己练习的活动方式选择性较小。武术内容多种多样，运动形式丰富，不分性别、年龄，无论何种职业身份、何种性格情趣、何种身体健康程度的人，都可以在武术的不同内容中，选择性地找到适合自己练习的活动方式。参与武术活动的人，不仅有武术运动员、武术专业的学生，还有广大社会武术习练者。武术竞赛活动的参与人群往往是在社会武术活动的基础上发展起来的。武术爱好者从参与武术锻炼到欣赏高水平的武术竞技，乃至积极投身于武术比赛，都推动了全民健身与奥运同行。目前，国内外举办的各种传统武术比赛，参赛项目广、参与人员多，彰显了武术的时代魅力与得天独厚的社会基础。

武术竞赛的原则

在武术比赛中，裁判员判定运动员成绩，主要是根据竞赛规则的评分标准对运动员的竞技能力给予评分和根据运动员使用技法将对方击中、摔倒或者是迫使对方下台、出线、落地、犯规等方面的表现对运动员进行计分。评分方法适用于武术套路比赛中，计分方法适用于武术对抗性质的格斗类运动项目中。两种判定运动成绩的方法都受运动员的技术表现情况、裁判员对竞赛规则的理解程度、裁判员的观察判断能力三个因素的影响。这三个因素都与裁判员的主观因素有关。因此，武术竞赛必须坚持“公平、公正、公开”的原则，最大限度地保证竞赛结果的正确性。

一、公平性原则

裁判员思想素质是影响武术竞赛的公平性原则的重要因素。裁判员作为社会个体，必然受到人为因素的影响。武术竞赛裁判员基本来自武术界，参赛的运动队和运动员或多或少与当值裁判存在千丝万缕的联系；另外，为了取得优异的成绩，参赛人员也会主动与裁判员建立关系。裁判员的主观因素会自觉或不自觉地影响评判，外在因素和内在主观因素相互影响并左右着比赛的公平进行。因此，裁判员一丝不苟地贯彻执行公平性的原则，对保持武术竞赛的纯洁性显得尤为重要。

虽然，在体育评分、记分类运动项目中，武术是能够较好地贯彻执行公平性原则的运动项目，但也存在着一些不足。主要有打“良心分”“感情分”“违心分”三种不同情况。“良心分”就是裁判员坚持公平原则，严格的自律评判标准，不受人为因素影响，以专业的业务知识追求评判结果的准确性。“感情分”就是在双方运动员不分伯仲的情况下，裁判员会自觉或不自觉地为熟悉的一方运动员进行加分，反之亦然。所谓“违心分”就是受利益、交易或其他原因的驱使，不顾比赛场上的客观情况，明显地偏袒一方，左右比赛结果。

比赛时，裁判员“良心分”“感情分”“违心分”出现比例的大小，是衡量武术竞赛公平性的一个重要标志。避免“违心分”与“感情分”，是武术竞赛贯彻公平性原则的客观要求。实现这一目标可从以下三个方面来进行：一是建立一支相对稳定的高素质裁判员队伍。二是加强裁判员的思想教育。通过思想教育工作，不断强化裁判员的事业心与责任心。三是建立奖惩机制。建立科学有效的裁判员奖惩机制，调动裁判员的工作主动性、自觉性与自律性。

对于武术运动员而言，同样应坚持公平原则。通过刻苦训练和积极参赛取得优异成绩，不应通过服用兴奋剂、收买对手等手段妨碍武术竞赛的公平性。因此，应加强对运动员的武德教育，使他们树立正确的竞技观念，在比赛中做到遵守规则、尊重对手、尊重裁判、尊重教练、尊重观众。

二、公正性原则

裁判员业务素质的高低决定了武术竞赛的公正性原则的贯彻。任何一个事物都存在两面性，即使裁判员思想素质很高，但业务素质偏低，也可能导致评分或计分不准确，在武术竞赛中出现裁定的不公正。所以，裁判员应具备很高的业务水平。裁判员业务水平的高低主要取决于以下三个方面。

1. 裁判员应熟知竞赛规则并运用自如

作为一名武术裁判员，应通过学习熟知规则。运用自如是指对竞赛规则条文的原理、内涵、外延都能够深入了解，运动员出现模棱两可、分数可高可低的技术情况时，能够按照竞赛规则的要求准确地进行评判打分。

2. 裁判员对基本技术和运动规律具有深刻的认识

对于基本技术而言，武术套路运动项目是指各个不同流派、不同风格的拳种的动作规格、技术要求、运动特点等方面；武术格斗和武术功法运动项目是指各种格斗技术及展示功力的技术动作。无论是武术套路、武术格斗还是武术功法运动项目的裁判员，既要全面地了解专项的基本技术，又需在实践的过程中不断地体验和感悟，才能准确地分析与判断其动作完成的质量和动作攻击的效果。掌握基本技术是裁判员具备基本业务能力的基础条件。对于运动规律而言，武术套路运动项目是指动作姿势状态在运动过程中，技击含义、技击意识表达是否准确；武术格斗和功力比赛项目是指裁判员在以技术动作、身体素质相对抗的复杂情况下，能够按照专项的运动原理准确地进行判断。对运动规律的准确认识和把握是高水平裁判员必须具备的业务素质。

3. 裁判员的评判能够形成高度的一致性

无论裁判员的水平有多高，由于武术竞赛规则内容本身的复杂性，裁判员个体的差异性，对于武术竞赛规则的理解，对于评分、计分尺度的掌握，各裁判员之间难免存在一定的主观差异性。只有形成多名裁判员同时对一名运动员、对一个具体动作评分、计分的分数达到高度的一致性，才能最大程度地表现出武术竞赛裁判员评分、计分的公正性。在裁判员对竞赛规则理解与掌握的程度具有统一性的前提条件下，多名裁判员评分、计分出现的分数达到一致性，则完全依靠互相之间的默契配合来实现。这种默契配合主要依靠在不断的裁判实践中相互磨合与理解，不但需要各名裁判员对竞赛规则理解与掌握的程度具有一致性，而且各名裁判员之间需要了解彼此的评定习惯，互相尊重、相互调整、共同磨合，最终达到多名裁判员评分、计分的分数达成一致的目标。一致性的程度越高，评判结果的公正性越强。虽然实现这个目标有一定的困难，但这正是保证武术竞赛公正性的永恒追求。

三、公开性原则

武术竞赛的公开性原则是针对裁判工作的操作层面提出的要求。武术竞赛的裁判工作是由裁判员人为操作的，人为因素的存在，有可能直接影响比赛成绩及走向。为了保证武术竞赛的公平与公正，则须做到竞赛工作的完全公开，特别是在有人为因素的重要环节，必须将操作过程置于所有教练、运动员和竞赛相关人员的监督之下，避免裁判员暗箱操作，杜绝出现由于裁判员思想不公而影响比赛结果的情况，从而保证武术竞赛的公平竞争。武术竞赛中，运动员抽签，称量体重，裁判员评分、计分三个方面必须公开透明。

在运动员抽签环节，由于演练性质的武术套路项目只是决定运动员出场顺序，而武术格斗项目则是决定选择对手进行比赛和轮次。所以抽签的结果对武术套路项目的影响相对较小，而对武术格斗项目影响较大。抽签的结果直接影响比赛成绩，体现在武术套路项目上运动员一般都希望抽到靠后的出场顺序，武术格斗项目的运动员都希望晚些碰到实力强劲的对手。这是由于评分项目裁判员因多种原因，通常会出现“前紧后松”的情况，格斗项目则越晚碰到强劲的对手成绩有可能越靠前。

称量体重环节，存在于武术格斗类运动项目中。如果大级别运动员在称重环节上作弊就会出现大级别对抗小级别的不公平现象。因此，要杜绝运动员或者是运动员和裁判员联手在称量体重上作弊。所以，竞赛规则规定，称量体重从小级别开始，逐级进行，运动员之间可以互相监督。同时，称量体重必须由检录组、仲裁委员会、竞赛监督委员会三个部门的裁判员联合进行，目的就是为了保证运动员称量体重的公开性。

在裁判员评分与计分环节，以前由于科技的滞后，所有项目都是在运动员比赛结束后，由每个裁判员出示评分或计分结果，汇总后确定运动员的最后比赛成绩。这种操作方法，在比赛的过程中，除了打分裁判，旁人无法得知成绩或得分的进展情况。随着科技的进步，如今的武术比赛采用计算机计分，通过电子屏幕将裁判员评分或计分的情况即时显示。所有人能够即刻知道运动员的得分情况，以及技术存在的问题，这样有利于指导运动员的赛后训练。武术格斗项目的运动员能即刻知道自己的技术动作是否被裁判员计分及目前双方运动员比分的实时进展，有利于运动员在比赛中调整战术。在武术功力比赛的流星打靶项目中，运动员能够知道自己击中靶位的情况，以便及时调整技术动作和节奏。由此，公开性不但提升了武术赛事的管理水平，而且对于武术竞技水平的提高也具有重要的推动作用。

武术竞赛的要素

依照系统论，武术竞赛是由若干要素组成的一个有机系统。武术竞赛能否良性运行，能否达到预期的目的，涉及方方面面的因素，但核心的要素主要包括组织者、裁判员、运动员、竞赛规程、竞赛规则五个方面。

组织者是指武术竞赛的责任单位或责任人。具体来说，武术竞赛的组织者分为两个层面：一是主办单位，二是承办单位。在武术竞赛的相关问题上，主办单位的具体要求是安排竞赛相关事宜的唯一标准。有的武术竞赛存在协办单位，但协办单位不能承担武术竞赛组织者的责任。如果由承办单位或个人举办武术比赛，承办单位或个人就是直接的组织者，主办单位是间接的组织者。

运动员是指在武术竞赛过程中，依据竞赛规程和竞赛规则，为了表现运动项目的最佳技术状态和取得最佳比赛成绩的直接参与者。运动员是武术竞赛的主体，其他的所有参赛人员都是为运动员服务的。

裁判员是指武术竞赛过程中，依据竞赛规程和竞赛规则，安排运动员的比赛秩序，评定运动员成绩、胜负和名次的实施者。只有在组织者与裁判员的共同努力下，比赛才能在公平竞争的条件下顺利进行，才能为运动员创造佳绩奠定基础。

武术竞赛各要素之间是相互联系、相互影响的有机系统，共同支撑着武术竞赛的有序进行。

武术竞赛规程

武术竞赛规程是武术竞赛的指导性、纲领性文件，是竞赛组织者和参与者必须共同遵守、共同实施的原则和依据。竞赛规程是最早出台的竞赛文件，由武术竞赛主办单位根据该次比赛的目的和任务来制定。其主要内容包括竞赛名称、目的和任务、比赛日期和地点、比赛方法、比赛项目、报名办法、奖励办法、注意事项等。武术竞赛规程的有关具体内容，一定要有利于保障竞赛目的实现。武术竞赛规程的下达时间应该不迟于比赛前两个月，一些重要的比赛至少在开赛半年前，甚至一年前就要将竞赛规程通知到参赛单位或个人，以便其根据武术竞赛规程的要求做好充分的赛前准备。

武术竞赛规则

武术竞赛规则是裁判员进行裁判评分、计分的唯一标准，是运动员拼搏进取、取得名次的依据，也是运动项目技术发展的导向。武术竞赛规则由武术竞赛主管单位制定，一般分为以下两种：一是经过多年固定比赛的运动项目，已经列入常规竞赛计划，不会存在大的修改，只会对细节做出调整，而且会在赛前通知参赛单位；二是针对临时竞赛而制定的竞赛规则，例如，商业性的武术比赛，经过报批后，由批准单位和承办单位进行该次比赛竞赛规则的具体协商，达成一致后，赛前通知到各参赛单位和个人。

由于武术是具有民族特色的传统体育运动，武术竞赛规则的制定涉及武术文化的继承和发展，因此武术竞赛规则的制定与修改一定要科学严谨，要发挥引导武术技术良性发展的作用。

武术竞赛的组织

武术竞赛主要分为比赛前的工作、比赛中的工作以及比赛后的工作三个部分。比赛前的工作主要指的是对武术竞赛的策划与准备；比赛中的工作主要是负责竞赛中的保障；比赛后的工作则负责竞赛结束后的收尾及总结。三个阶段共同保证武术竞赛的成功举办。

一、比赛前的工作

制订计划并准备实施于武术竞赛的过程是武术竞赛的首要环节。此过程从成立筹备小组（或筹备委员会）到运动员报名为止。由比赛主办单位负责组建筹备小组，承担赛前至组织委员会建立的准备工作。赛前准备阶段的主要工作包括讨论和确定组织方案，制定相关竞赛规程，成立竞赛组织委员会，拟订各种计划等。要保证武术比赛有计划、有步骤地进行，必须认真讨论和确定竞赛的名称、目的和任务、比赛规模、组织机构、经费预算。比赛规程要根据竞赛计划、竞赛的目的和任务、武术比赛自身的特点而制定，制定后应提前发给有关单位。竞赛组织委员会是负责整个竞赛机构的临时领导机构，通常是在竞赛主办单位的领导下，由各方面代表组成，决定竞赛的组织方案，指导各项竞赛工作。组织委员会的建立，要与竞赛规模相适应，规模小的比赛应以完成各项任务为准，尽量精简组织机构。组委会下设秘书处、竞赛处、裁判组等机构。竞赛组织委员会成立后，应根据组织方案和责任划分，拟订各职能部门的具体工作计划，经组委会讨论并批准后执行。

二、比赛中的工作

比赛中的相关工作是武术竞赛组织工作的重点，一方面要按照赛前组织计划进行工作，另一方面要对比赛过程中可能发生的意外情况有解决预案，以确保比赛顺利进行。运动队报到后，竞赛处应组织召开裁判员会、领队会、教练会（裁判长、教练联席会），并对各运动队的比赛与训练进行统一安排。

比赛期间主要指从赛事开幕式到闭幕式期间。在此阶段，各职能部门以竞赛为工作重心，协调有序地展开各项工作，为竞赛的顺利进行提供保障。竞赛阶段的工作主要由十个方面构成：一是组织开幕式。二是按照竞赛计划严格掌握比赛时间，杜绝比赛脱节现象；加强比赛场地、设备和器材等检查和管理。三是强化对裁判队伍的管理，使裁判工作公平、公正、公开地进行；对赛场出现的争执，应果断及时处理，必要时由仲裁委员会当场裁决。四是及时登记计分表或汇总表，以便结束时进行总结，并送达各参赛队；及时准确地向有关新闻媒体发布比赛成绩，做好比赛宣传工作。五是遇特殊情况需要更改比赛场地、日期和时间，应由相关部门及时通知各参赛队。六是总务组要深入群众，听取他人对生活、交通等方面的意见，以便及时改进工作。七是医务组要进入比赛场地，及时处理发生的各种伤害事故。八是保卫组负责住宿与比赛场所的治安工作，保证比赛顺利进行。九是秘书处经常与各参赛队沟通，定期召开领队或其他会议，及时处理有关问题。十是组织闭幕式。

三、比赛后的工作

比赛后的工作是武术竞赛整体工作的最后一个环节，主要包括以下七个方面：一是组织领队、教练、运动员和裁判员进行交流和技术报告；二是安排和办理各运动队离开赛区的有关交通等事宜；三是清理比赛场地、器材、服装、用具等物品设备；四是进行财务结算；五是及时编制和印发比赛成绩册；六是做好裁判工作、技术统计工作和竞赛部门的工作总结，并上报有关部门；七是向新闻单位发布运动竞赛的有关情况。

思考题：

1. 简述武术竞赛的目的和任务。
2. 举办武术竞赛应遵循的原则是什么？
3. 武术竞赛具有哪些特点？
4. 简述武术竞赛的组成要素。
5. 简述武术竞赛规程的主要内容。
6. 如何组织一场武术竞赛？

第十三讲

武术跨文化传播

跨文化传播是文化与传播方方面面的组成与重构，是来自不同的地域、文化背景的人际交往与互动行为。中外武术文化交流与传播由来已久，武术以自身独特的文化魅力吸引着越来越多的人关注和喜爱。这一方面有赖于武术自身的博大精深，另一方面有赖于不同文化的差异和冲突。文化的差异和冲突是一柄双刃剑，因此，我们只有遵循跨文化传播的原则，注意按照跨文化传播的规律传播武术文化，才能有效地在来自不同文化的传播者之间创造一种共享的意义。本讲我们从文化差异和冲突对武术跨文化传播的影响入手，介绍武术跨文化传播中应该注意和遵循的规范，以期为武术跨文化传播的实践提供一定的参考。

武术跨文化传播中的文化差异

孔子学院的学生来自不同的国家和地区，其国籍、年龄、性别、文化背景等存在着极大的差异，孔子学院的武术教学也因此而具有特殊性，我们十分有必要透过武术跨文化传播中的文化差异这一放大镜来审视孔子学院的武术教育。

文化差异是由文化经验和知识的累积造成的。在跨文化传播中，各种文化之间的碰撞、冲突、融合、发展的过程首先是由文化差异影响而形成的。不同文化背景的群体（个体）之间的差异程度是不同的，因此，产生误解的可能性程度也是不同的。来自不同文化背景的群体或个体之间的文化差异越大，产生误解的可能性也越大；反之，不同的个体或群体文化背景具有的共性越多，在传播中遇到的严重挫折或文化误读的情况就越少。

面对难以预料的跨文化情境，大多数的文化误读并不是表面对文化的解读所致，人们对事件和他人的反应方式主要是由文化的深层结构决定的。文化的深层结构主要是指文化的观念体系。简单来说，世界观、人生观、价值观构成了文化观念体系的主要内容，表现在这些观念中的差异是文化差异的重要组成内容。文化误读根源于文化差异，是基于己方的社会规范、观念体系、思维方式等，表现为对另一种文化在认知时产生的理解和评价的偏离。

在跨文化交往中，除了社会规范、观念体系、思维方式等来自文化深层结构的原因，解读者自身的知识背景、社会地位等也是造成误读的因素。其中，知识背景尤其具有普遍性。对某种文化的知识性解读，很大程度上取决于解读者本人所拥有的知识的深度和广度。曾在中西方文化交流与传播中具有代表性的马可·波罗，在他的游记中就把东方的犀牛当成了西方的独角兽。由此可见，对文化的误读深受解读者本人的知识结构的影响。但是，并不是说这种文化误读无一可取。作为社会中普遍存在的认知现象，对文化的误读也体现了不同文化背景的个体（群体）试图接近和再现异质文化。跨文化交往中的文化误读往往可以创造出意想不到的灿烂成果。这种再创造，是文化扩散性和共享性的本质特征使然，更是不同文化之间的交流与沟通的需求所致，对人类文明的进步有着不可估量的推进力量。因此，一方面我们不能固执己见，抱残守缺，要尊重不同国家与地区的文化差异，遵循世界文化交融与共享的需求，将中华武术展现于世人面前，只有这样，才能使孔子学院这一开放、合作、交流、共赢的多元文化平台发挥其在传播中国文化方面的积极作用；另一方面，了解不同文化的观念体系，可以帮助解释和预测不同文化中的人的行为，更好地避免用自身的文化标准来解释和理解他人的行为。因此，我们在孔子学院进行武术教学时要时刻注意文化背景的差异，发扬有容乃大的中华民族精神。武术因其从历史的长河中走来，必然具有深沉的、浓重的中华民族气息。因此，在孔子学院这一追求开放、包容、合作、共赢的世界文化交流平台上，要注意方式方法，即要选择受众对象能够接受的方式进行文化传播。另外，正是由于武术具有其他传统文化载体不具备的身体语言优势，使得武术在孔子学院的传播要通过中华民族独有的身体运动方式这一载体努力让不同文化背景下的人们了解其中暗含的中华民族的观念体系，以稀释文化差异，缓解文化冲突。

武术跨文化传播中的文化冲突

塞缪尔·亨廷顿在其“文明冲突论”中曾指出，“文化差异始终是人类的基本差异，文化之间互动的后果就是冲突”。这也就意味着，不同文化在传播行为上要有所调整，以走向合作，进而避免文化冲突向更为恶劣的方向发展，而积极引导其向双方受益的方向转化。调整意味着要改变自己熟悉的行为模式，可喜的是，变化总可以使冲突双方找到修复关系的新途径。纵观人类历史，文化冲突并不总是“问题发生器”。相反，只要合理运用文化冲突，其往往会变成文化发展的主要动力，而这也是文化特性得以保存和延续的客观要求。文化在面对外部压力时会运用不同的机制去适应外来文化，进而实现发展、变迁。最具代表性的便是唐代社会的文化繁荣。唐代的文化繁荣不仅存在于李太白的豪情壮志之中，更体现在人民生活的方方面面。而这一文化盛世无不与文化的冲突与包容相呼应。

异质文化融合过程中的文化冲突这一必然趋势是我们难以逆转的，同时又是一柄双刃剑。武术在孔子学院的传播不能避免在深层观念体系中存在与异文化之间的差异与冲突，只要正确认识并合理利用文化的差异和冲突，一方面可以促进中国传统文化为世人所理解，另一方面可以为武术文化注入新鲜的血液，使之焕发新生。

武术翻译注意事项

语言是武术跨文化传播的首要障碍。无论是武术技击精髓的传授，还是武术文化的传播，首先遇到的都是语言沟通与理解的问题。而英语又是世界公认的国际通用语言，所以武术术语的英译问题就成为当前我们所要面临的首要问题。

将武术术语译成英语的过程是通过语言进行的跨文化交流，其中的关键性操作是要将中文含蓄内敛的用词及其所蕴含的深厚的传统文化通过语言的解码和编码过程转换成英语。在这一跨文化交流过程中，由于文化的差异，导致语言转换过程面临诸多困难与问题。单就“武术”一词的英译，在《汉英武术词汇》《英汉汉英武术常用词汇》《汉英词典》《新时代汉英大词典》等常见辞书和各种体育类学术期刊的英文摘要中，就可以查到“Wushu”“martial arts”“Chinese

Wushu”“Kungfu”“traditional Chinese combat exercise”“traditional Chinese boxing”“WuShu”“wushu”等多种译法。同样，“太极拳”一词也可查到多种不同的译法，如“traditional Chinese taiji”“Taijiquan”“Taiji boxing”“shadow boxing”“hexagram boxing”“Tai Chi”“Taiji Quan”等。除此之外，武术流派众多、千变万化的拳种、拳法不仅是武术内容丰富的体现，而且是武术深受我国传统哲学、中医学、宗教和艺术影响的反映，其中贯穿着我国古代阴阳、五行、八卦、太极等哲学思想。但是，综观现今对各种拳术名称的翻译，“拼音 +boxing”的翻译已成定势，如“少林拳”译成“Shaolin boxing”，“猴拳”译作“Monkey boxing”或“Monkey Style boxing”，“查拳”译为“Zha boxing”，“地蹚拳”译作“Floor-skill boxing”等。而“boxing”一词语义较为固定，是一个特指的专业术语，翻查《大英百科全书》中对于“boxing”的解释我们可以发现，英语的“boxing”与中文的“拳”两者在文化渊源、技术规则等方面截然不同，将“拳”译作“boxing”属于典型的硬译或误译。这样的错误会导致中国武术中的“拳”失去其应有的文化个性，使英语读者在理解时产生文化错位和误读。还有将“红拳”译作“red boxing”，将“滑拳”译为“slippery boxing”，则是典型的误译。“红拳”中的“红”本为迎合中国国民崇尚吉祥的文化心理而得名，而非“红色”之“红”；“滑拳”之“滑”则是指其创始人“滑宗岐”其人，而非“滑溜”之“滑”。许多被译成英语的武术术语无法体现武术的民族文化特色，更反映不出武术术语所蕴含的中国文化。如将太极拳中的“手挥琵琶”译成“play the guitar”，翻译的过程中将中国琵琶替换成了西方的现代乐器吉他，虽然便于英语读者理解，但是却失去了中国文化的韵味，失去了翻译的文化传播功能与责任。

作为武术国际化传播的主要载体之一，武术术语英译的统一与规范，是当前武术国际化传播的迫切需求。早在 20 世纪初，朱自清先生曾指出译名统一的途径应该由政府审定、学会审定、学者宣扬、多数意志选择四种途径。武术凭借其浓郁的民族文化特色成为中华民族的文化瑰宝，但也正是这种特色使得许多外国人对武术术语不知所云。武术术语通常具有以下几点特征：其一，形象性。诸多武术动作都是以模仿动物为基础的，在一些拳法的名称中有所体现，诸如“猴拳”“蛇拳”“象拳”“青龙出水”“白鹤亮翅”“金鸡独立”等；有些武术术语同时也涉及一些自然景观及现象；另外，还有许多武术术语包含了中国著名的历史或文化人物，如“八仙过海”以及“仙人指路”等。其二，简朴性。为了便于学习者明白并熟记动作，武术动作名称或口诀谚语一般惯于使用最少最精确的语言形象地描述步法和动作，如“盘腿坐地”一词只用了四个字便准确描述了两个独立的动作——盘腿和坐地；又如“仰身饮酒”“束身斜带”等同样很精练、准确地表达了所述动作。其三，描述性。这一特点要求译者不仅要很好地了解武术的专业知识，还要有较高的对语言的理解力及表达力，如“伏地后扫”“独立步”“并步冲拳”等。其四，动态性。武术术语动作在选词上倾向于动态性而非静态，如“双峰贯耳”需要译词较为形象生动地表达这一动作形态，从而使读者从译文中可获悉此拳法的速度。因此，这就给国内的武术术语英译工作造成了很大的困难。

因此，我们在武术术语翻译中提出以下几点注意事项，希望可以对武术术语翻译有所助益。

一、要重视武术文化的专业性

武术是民族文化，更是一门专业技术。由于武术专业性非常强，对武术动作和技术要领的掌握会直接影响语言的表达和翻译的质量，如在“内六合，外六合，内外相合益处多”的翻译过程中，首先要清楚什么是内外六合，否则会产生一些偏差，使翻译失去原有技术要领的内涵，让读者更加困惑。从专业角度来讲，武术术语的翻译难度远远高于一般性的文字翻译，主要在于很难把握其专业动作和技术要领，所以要求译者不仅懂得原文意图，还要知道其隐意，以保持原汁原味的中国文化特色。

二、重视译词的文化定位与文化表现力

武术生长成熟于中华文化的沃土，是中华文化重要的组成部分，它几乎涵容了中华文化的各种优秀成分和要素，是中华文化的精彩浓缩。因此，我们在认识和翻译武术术语时，不能将武术视为一种技击技术或人体运动，必须深刻认识、理解其丰富的文化内涵。从跨文化传播的角度来审视武术术语翻译，了解其实质目的就是向西方传播独一无二的中华文化结晶。武术术语的英译只有明确术语的文化定位、充分传达武术作为中华文化组成部分的本来面目，才能体现武术术语英译工作应有的价值和作用。在译语文化中表现出源语文化的特色，引进带有差异的文化，这也非常符合现今大多数译语读者渴望了解异国文化、体验异族风情的阅读目的。事实上，读者理解文化差异的过程就是他们享受文化探索的过程，也正是在这一过程中，源语文化得以跨越时空、跨越文化界限，实现跨文化交流与传播。

三、正确看待文化差异对武术术语翻译造成的影响

武术中存在大量英语文化中没有的内容和现象，武术术语涉及中华文化的许多领域，这对于英语读者来说，是理解的难点，是文化的差异所在。例如，将“手挥琵琶”翻译为“play the guitar”这种生硬的直译反而造成很多外国人不明所以，此例翻译没有保留中国传统文化的内涵韵味，导致了文化误解。

四、灵活运用合适的武术术语翻译方法

作为文化交流的使者，译者有责任采取必要而恰当的方法，使英语读者在能够理解的基础上了解到文化的差异。目前，学界关于武术术语翻译的方法屈指可数，不外乎归化、异化策略，直译、意译、音译等方法。至于在武术术语英译中采用何种方法和策略合适，则不能一概而论，只能具体情况具体对待，具体词语具体处理，要努力避免生搬硬套地死译硬译。武术术语的英译不能只是浅层次语言文字的简单转换，要在跨文化的语境下来看待武术术语翻译的问题，要了解其实质正是中华文化与英语文化的跨文化交流活动。

武术跨文化教学规范

所谓教学规范，就是那些在教学中约定俗成或明文规定的标准。在21世纪武术跨文化教育与传播的新形势下，对武术跨文化教学行为提出了国际化、专业化、规范化的要求。教学作为一种特殊的沟通手段，课堂作为一个信息传递的场所，武术教师的教学行为深刻地影响着教学的质量。由于不同的文化背景，武术跨文化教学的师生交际有其特殊性，教师在进行武术跨文化教学时需要遵循跨文化教学的活动原则和行为标准，不能完全按照武术教师在国内的行为规范，故在此我们根据跨文化教学的特殊性提出几条武术教师在跨文化教学中需要遵守的行为规范：

（1）武术教师面部要洁净、卫生、自然，口中要保持无异味。

（2）女教师在校工作期间要得体、美观、大方，要化淡妆，不要化浓妆。在晚会上妆容可适当浓一些。

（3）男教师的面部要保持清洁，胡须要及时剃除。

（4）教师头发要干净整洁，发型适度、大方。

（5）教师着装要应时、应景、应人。服装颜色应保持在三种颜色以内，以免杂乱失调。男教师所携带的皮包或公文包和鞋子、腰带颜色要相同或相近。

（6）武术教师在课堂上应着练功服、练功鞋，不应着西装、牛仔裤、皮鞋等与武术教学不和谐的服装。

（7）教师要注意所着服装上的图案或文字，不穿不适合教师身份或会带来跨文化冲突的服装。

（8）进入课堂前要检查、整理自己的服装，忌衣衫不整地进入课堂。

（9）武术教师上课时要尽量精简佩戴饰物，以免受伤。

（10）武术教师在课堂上要做到声音响亮、动听。教师教学的音量要适当，教师要根据教学对象、教学内容和教学环境来调整音量。

（11）武术教师的语速节奏要适当，忌语速过快，以免学生听不懂、听不清。

（12）武术教师在课堂上不应出现打哈欠、大笑失态、哭泣等消极不雅的言行。

（13）武术教师在教学时不应带有以下口头语：一是不礼貌的口头语，如“我告诉你”“你得了吧”等；二是废话口头语，如“好，接下来我们”“这个这个”“怎么说呢”等；三是英语中的口头语，如“OK”“Good”等。

（14）教师要按时上下课。教师先要做到不迟到、不早退，再要求学生做到按时上下课，要配合一定的奖惩措施并一以贯之地坚持。

（15）教师要科学地安排上课时间。

（16）教师要尊重学生的领地观念，如果事先未得到学生的同意不要随意触摸学生的私人物品。

（17）武术教师在表演、示范时，可以与学生有适度的身体接触，其他场合要避免和学生有身体上的接触。另外，绝对不能触碰学生的头部，对美国学生而言，这是一种无礼的表现，对泰国学生而言更是一种禁忌。

（18）武术教师在课堂上应注意因时、因地、因人、因文化情况的不同选择不同的师生体距。一般情况下，对西方学生，师生体距应拉大一些；对东方学生，师生体距应稍微近一些；对年龄小的学生，师生体距可以稍近一些；对年龄大的学生，师生体距应尽量大一些。

武术跨文化传播中非语言符号的运用

非语言符号是指用以传播的语言符号之外的所有符号，它可以重复、补充、调整、替代或强调语言符号传递的信息，包括身体语、辅助语、沉默等。在孔子学院武术教学中的非语言符号运用，一方面指武术本身所具有的身体交流，另一方面还包括在武术教学过程中所使用的身体语言。孔子学院是具有跨文化传播性质的文化交流平台，这里有来自不同文化背景的学生和教师，因此，我们在日常行为和教学实践中更要注意在跨文化传播中非语言符号的独特作用。

一、身体语的运用

人们用身体的各个部分单独或配合做出来的表达一定的信息，这就是身体语，包括表情、目光、手势、姿势、辅助语、身体接触，甚至气味等。曾有研究者对课堂教学进行过统计，有 82% 的教学目标是通过教师的表情、辅助语等非语言行为达成的。

在不同文化中，表情既是一致的，又是各具特色的。有些表情因文化的不同而不同。不同的文化背景会对人们在何种场合表达何种情感、表达情感的多少和程度有着不同的约定俗成的规定。譬如，在美国等西方国家，家长会鼓励孩子大胆地宣泄自己的喜怒哀乐，因而他们的表情普遍较为丰富；相比之下，东亚人在儿童时代就被家长告知不要轻易暴露自己的情感，因而东亚人的表情普遍较为含蓄内敛。例如，日本人倾向于以笑容来掩饰负面情绪，通常也不会在公开场合用表情来表达任何重要情感，日本人的表情普遍比较平静且难以捉摸。

不同文化在目光语的使用上也往往具有很大的差异。东方人把直视对方这种行为视为粗野的表现；而英美人则有一句格言——“不要相信不敢直视你的人”，他们往往将目光躲躲闪闪视为掩饰、不真诚或是缺少自信的表现。

手势语是人类最早使用的非言语符号。在不同文化中，手势语的使用频率和传递的信息有一定的区别。在使用频率上，美国和北欧人把多次使用手势和用力使用手势的人，看作过分感情用事、不成熟或性情有些粗鲁的人。与之相反，中东人、南欧人则很喜欢用手势，欧洲有一句谚语：“意大利人的双手若被截去，那就宁愿以哑巴自居。”芬兰人和日本人也不鼓励人们使用手势语，这与两个国家的文化有关——人们接受的教育是要控制并掩饰自己的感情，所以在使用肢体语言时十分克制。

除上述身体语之外，身体接触是一种更为基本的身体语。身体接触在处理人际关系中常常发挥着日用而不知的作用。但是，接触的时间、地点等，受到不同社会规范的制约。因此，在跨文化传播中适当的身体接触是十分必要的。

二、辅助语的运用

伴随声音的语言就是辅助语。在武术跨文化教学中，教师发音的速率、音调、音量、质量等方面的不同，都可以为想要传达的内容赋予不同的意义。辅助语是一种能够体现鲜明的文化差异的非语言符号，武术跨文化教学中要注意辅助语的运用。在对待不同文化背景的学生时，辅助语的选择要有所不同。例如，美国白人学生会认为说话声音大，给人以咄咄逼人，甚至是难以自控的感觉；而在非洲学生看来，音量较低或速率慢是虚伪而不真诚的表现。

因此，武术教师在孔子学院的教学要注意合理、恰当、有效地运用非语言符号，避免引起因文化背景的差异而导致的不必要的误解。

武术跨文化传播中新媒体的运用

随着互联网技术的快速发展，产生了诸如微信、微博、App、慕课、跨国卫星电视、视频电话、交互式电视、视频游戏、虚拟现实、移动通信等层出不穷的新型传播媒体，新媒体技术以其使用比例之高、传播内容之丰富以及传播方式之灵活推动了武术的跨文化传播，打破了“时空”的局限，提高了武术跨文化交流的能力。同时，通过新媒体的应用，还可以消除武术跨文化交流中由于信息不对称而产生的文化误解，消除不同文化之间因文化差异而引起的文化误读。因此，我们需要充分发挥新媒体技术的优势，应用新型传播媒体进行武术的跨文化传播。

在南京青奥会期间，国际奥委会主席托马斯·巴赫为参加武术比赛的运动员颁奖的新闻报道及其摆出武术动作的照片，第一时间在微信等网络平台中广泛传播，使得全世界范围内的武术爱好者可以通过微信及时看到比赛现场最为精彩的图片，实现了不同地区人们的无障碍沟通与交流，突破了时空的局限性。应用微信、微博等数字网络平台可以广泛地传播信息。武术教师要改变以往传统的教育教学模式，在教学过程中可以适当利用微博、微信等开展一些生动有趣的课堂活动，加强师生之间的联系。还可以把武术技术示范视频、武术名师讲座发布到微信、微博等网络信息平台上，以方便学生学习。国内的武术名家可以开设武术文化类的慕课，也可以建立武术文化类的 App 让全世界的学生多方面、立体化地了解武术文化，学习武术知识，体验武术技艺，欣赏武术表演；还可以组织在我国学习武术的外国友人通过互联网将习练武术及参加武术活动时的图片、视频发到 Face-book 或 Twitter 上，将这些信息传递给他们的好友，从他们的视角来解读武术，从而拓展了武术跨文化交流的渠道。

作为人类目前最为快捷、便利的传播手段，网络传播提供了从未有过的信息共享，构建了各个文化之间对话与交融的“公共领域”。应用新媒体技术，使我们能更方便地采用自己熟悉的武术文化视角去审视异域技击文化，并且在理解他国技击文化的基础上反观自身的武术文化，从而真正在跨文化交流中实现人类优秀文明成果的交流、共享、发展、共赢，为实现人类文化共同体的伟大目标砥砺前行。

思考题：

1. 简述文化差异对武术跨文化传播的影响。
2. 如何理解文化冲突对于武术跨文化传播的影响？
3. 武术翻译的注意事项有哪些？
4. 谈谈武术跨文化教学规范的意义。
5. 武术跨文化传播中非语言符号的作用体现在哪些方面？
6. 谈谈你所理解的新媒体技术在武术跨文化传播中的应用。

参考文献

专著类

[1] 徐才 . 武术学概论 [M]. 北京：人民体育出版社，1996.

[2] 国家体育总局武术研究院 . 武术概论 [M]. 北京：高等教育出版社，2017.

[3] 邱丕相，蔡仲林，郑旭旭 . 中国武术导论 [M]. 北京：高等教育出版社，2010.

[4] 温力 . 中国武术概论 [M]. 北京：人民体育出版社，2005.

[5] 康戈武 . 中国武术实用大全 [M]. 北京：今日中国出版社，1990.

[6] 国家体委武术研究院 . 中国武术史 [M]. 北京：人民体育出版社，1997.

[7] 林伯源 . 中国武术史 [M]. 北京：北京体育大学出版社，1994.

[8] 松田隆智 . 中国武术史略 [M]. 阎海，译 . 成都：四川科学技术出版社，1984.

[9] 郭玉成 . 中国武术史 [M]. 北京：高等教育出版社，2019.

[10] 蔡宝忠 . 中国武术史专论 [M]. 北京：人民体育出版社，2003.

[11] 蔡龙云 . 琴剑楼武术文集 [M]. 北京：人民体育出版社，2007.

[12] 邱丕相 . 中国武术文化散论 [M]. 上海：上海人民出版社，2007.

[13] 周伟良 . 中华民族传统体育概论高级教程 [M]. 北京：高等教育出版社，2003.

[14] 郝心莲 . 中华武术实用百科 [M]. 北京：北京体育学院出版社，1991.

[15] 旷文楠 . 中国武术文化概论 [M]. 成都：四川教育出版社，1990.

[16] 曾于久 . 武术散打训练新论 [M]. 北京：人民体育出版社，2013.

[17] 蔡仲林，周之华 . 武术 [M]. 北京：高等教育出版社，2015.

[18] 国家体育总局武术研究院 . 我国中小学武术教育改革与发展的研究 [M]. 北京：高等教育出版社，2008.

[19] 崔乐泉 . 中国体育通史 [M]. 北京：人民体育出版社，2008.

[20] 成都体育学院体育史研究所 . 中国近代体育史资料 [M]. 成都：四川教育出版社，1988.

[21] 金岳霖 . 形式逻辑 [M]. 北京：人民出版社，1979.

[22] 张岱年，方克力 . 中国文化概论 [M]. 北京：北京师范大学出版社，2004.

[23] 梁漱溟 . 中国文化要义 [M]. 上海：上海人民出版社，2005.

[24] 戚继光 . 纪效新书 [M]. 北京：中华书局，2001.

[25] 徐珂 . 清稗类钞 [M]. 北京：中华书局，2010.

[26] 毛泽东 . 毛泽东选集：第一卷 [M]. 北京：人民出版社，1991.

[27] 刘舒生 . 教学法大全 [M]. 北京：经济日报出版社，1990.

[28] 李秉德 . 教学论 [M]. 北京：人民教育出版社，2001.

[29] 夏思永 . 体育教学论 [M]. 重庆：西南师范大学出版社，2003.
[30] 龚正伟 . 体育教学论 [M]. 北京：北京体育大学出版社，2006.
[31]《中国武术拳械录》编撰组 . 中国武术拳械录 [M]. 北京：人民体育出版社，1993.
[32]《中国武术百科全书》编撰委员会 . 中国武术大百科全书 [M]. 北京：中国大百科全书出版社，1998.
[33] 德虔，等 . 少林正宗七十二艺 [M]. 北京：北京体育大学出版社，1998.
[34] 德虔，德炎 . 中国少林武术大全 [M]. 北京：北京体育大学出版社，2006.
[35] 程啸斌 . 传统武术技击 [M]. 南昌：江西人民出版社，2018.
[36] 梁敏滔 . 东方格斗文化 [M]. 天津：天津古籍出版社，2002.
[37] 金培贤，罗世洲 . 少林内功一指禅 [M]. 上海：同济大学出版社，1987.
[38] 田麦久，刘大庆 . 运动训练学 [M]. 北京：人民体育出版社，2012.
[39] 全国体育学院教材委员会 . 武术：上册 [M]. 北京：人民体育出版社，1991.
[40]《中国武术教程》编委会 . 中国武术教程：下册 [M]. 人民体育出版社，2004.
[41] 孙叔容，等 . 孙禄堂武学著作大全简注 [M]. 郑州：海燕出版社，1993.
[42]《运动训练学》教材小组 . 运动训练学 [M]. 北京：人民体育出版社，2000.
[43] 马启伟，张力为 . 体育运动心理学 [M]. 浙江：浙江教育出版社，1998.
[44]《运动生理学》教材编写组 . 运动生理学 [M]. 北京：人民体育出版社，2002.
[45] 吴图南 . 国术概论 [M]. 北京：北京市中国书店，1984.
[46] 王宗岳等 . 太极拳谱 [M]. 北京：人民体育出版社，1995.
[47] 张孔昭 . 拳经拳法备要 [M]. 山西：山西科学技术出版社，2006.
[48] 刘建和 . 运动竞赛学 [M]. 北京：人民体育出版社，2008.
[49] 张百振 . 体育竞赛裁判学 [M]. 北京：高等教育出版社，2006.
[50] 周伟良 . 历史与现代交汇中的中华武术 [M]. 台北：安逸文武术文化有限公司，2012.
[51] 赵连山 . 中华民族传统道德概论 [M]. 广州：广东高等教育出版社，2000.
[52] 高小军 . 高小军武术工作文论选编 [M]. 昆明：云南民族出版社，2017.
[53] 国家体育总局武术研究院 . 我国中小学武术教育改革与发展的研究 [M]. 北京：高等教育出版社，2008.

论文类

[1] 康戈武 . 关于武术本体的认识及对武术学科建设的思考 [J]. 成都体育学院学报，2018（6）：24-33.
[2] 虞定海，张茂林 . 基于孔子学院的武术推广模式研究 [J]. 上海体育学院学报，2011（1）：83-87.

[3] 李颖 . 孔子学院武术发展策略研究 [J]. 体育文化导刊，2012（9）：119-122.
[4] 芦胜男，武冬 . 民族传统体育推广与发展的路径研究——基于中国与挪威卑尔根孔子学院的武术教学实践、反思与评析 [J]. 中国学校体育，2016（6）：83-86.
[5] 胡凯，王燕 . 武术的海外传播实证研究——以武术在美国孔子学院的传播为例 [J]. 山东体育学院学报，2017，33（5）：36-39.
[6] 吴明高 . 武术是锻炼身体的方法——关于武术的几个问题同蔡龙云同志商榷 [J]. 新体育，1957（4）：17.
[7] 周伟良 . 武术概念新论 [J]. 南京体育学院学报，2010，24（1）：10-13.
[8] 田桂菊 . 从武术的本质特征论中国武术的发展走向 [J]. 成都体育学院学报，1999，25（1）：17-19.
[9] 杨祥全 . 武术概念之源流变迁考证 [J]. 北京体育大学学报，2007，30（2）：249-251.
[10] 洪浩，王俊峰 . 全国武术功力大赛项目设置探析 [J]. 搏击：武术科学，2008，5（11）：1-3，14.
[11] 郭玉成 . 郭玉亭 . 当代武术教育的文化定位 [J]. 武汉体育学院学报，2009，43（6）：69-71.
[12] 康戈武 . 从全球化视角探讨武术教育的生存与发展 [J]. 体育文化导刊，2006（10）：13-19.
[13] 康戈武，等 .《中国武术段位制系列教程》的学校教学指导方案研究 [J]. 武汉体育学院学报，2014，48（10）：62-69.
[14] 裴娣娜 . 多元文化与基础教育课程建设的几点思考 [J]. 教育发展研究，2002（4）：5-8.
[15] 郑金洲 . 多元文化激荡中的教育变革 [J]. 学术月刊，2005（10）：36-41，109.
[16] 田麦久，刘筱英 . 论竞技运动项目的分类 [J]. 体育科学，1984，4（3）：41-46.
[17] 施秋桂. 武术功法的特征及其在社会实践中引发的思考——突破武术发展瓶颈的理论探讨 [J]. 体育科学，2006，26（6）：85-89.
[18] 贾留启 . 武术拳术流派的形成、演变与发展之管见 [J]. 安徽体育科技，2001（1）：17-19.
[19] 蔡宝忠，张秋 . 简论中华武术美学思想 [J]. 体育科学，1990，10（2）：41.